Christoph Vandreier

Warum sind sie wieder da?

AF217118

Mehring Verlag

Christoph Vandreier

Warum sind sie wieder da?

Geschichtsfälschung,
politische Verschwörung und
die Wiederkehr des Faschismus
in Deutschland

Mehring Verlag

Bibliografische Information der Deutschen Nationalbibliothek

Die Deutsche Nationalbibliothek verzeichnet diese Publikation
in der Deutschen Nationalbibliografie; detaillierte bibliografische
Daten sind im Internet über http://dnb.dnb.de abrufbar.

Titelabbildung:
John Heartfield, »Werkzeug in Gottes Hand?
Spielzeug in Thyssens Hand!«, 1933
Fotomontage für AIZ, 1933, Nr. 31
Akademie der Künste, Berlin, Kunstsammlung
© The Heartfield Community of Heirs / VG Bild-Kunst, Bonn 2018

1. Auflage Oktober 2018

© MEHRING Verlag GmbH, Essen, 2018
https://www.mehring-verlag.de

Satz und Gestaltung:
Klartext Medienwerkstatt GmbH, Essen
http://www.k-mw.de

Umschlaggestaltung:
Fabian Winter, Berlin

Druck und Bindung: CPI books GmbH, Leck

ISBN 978-3-88634-140-5

Auch als E-Book erhältlich:
Epub/Kindle   ISBN 978-3-88634-840-4
PDF   ISBN 978-3-88634-740-7

Inhalt

Einleitung 7

Die Rückkehr des deutschen Militarismus 17
Leugnung der deutschen Kriegsschuld 1914 17
Politik und Geschichte 21
Verharmlosung der Naziverbrechen 27
Eine militaristische Verschwörung 32

Der Fall Baberowski 39
Rechtfertigung von Krieg und Diktatur 43
Hetze gegen Flüchtlinge 49
Ein rechtsradikales Netzwerk 51
Rückendeckung von der Universitätsleitung 56
Proteste von Studierenden 63

Wie die AfD aufgebaut wurde 69
Thilo Sarrazin 69
Pegida 73
Alternative für Deutschland 76

Die Selbstgleichschaltung der Medien 83
Konzertierte Medienkampagnen 85
Jürgen Kaube verteidigt Baberowski 89
Hetze gegen Münkler-Watch 91
Die Klage gegen den Bremer AStA 96
Die Masken fallen 102

Das Schweigen der Professoren 109
Historische Linien 109
Angriff auf kritische Studierende 113

Wissenschaft und Politik 118

Die ideologischen Grundlagen 123

Offensive der Rechten 127

Das Kartell der Bundestagsparteien 131

Verteidigung der Geschichtsfälschung 131

Rechtsruck aller Parteien 133

Staatsapparat und Verfassungsschutz 139

Der tiefe Staat und der Rechtsextremismus 140

Gegen links 148

Eine sozialistische Perspektive
gegen Faschismus und Krieg 153

Das rechte Programm der Großen Koalition 153

Marxistische Perspektive 156

Register 163

Anmerkungen 169

Einleitung

Im Jahr 2012 erschien der Bestseller »Er ist wieder da« von Timur
Vermes, der drei Jahre später auch als Kinofilm erfolgreich war.
Adolf Hitler kehrt darin am Standort der ehemaligen Reichs-
kanzlei ins Zentrum Berlins zurück. Erst tappt er unbeholfen
herum – eine der vielen skurrilen Gestalten, die sich am Bran-
denburger Tor von Touristen fotografieren lassen. Doch er findet
sich in der heutigen Zeit schnell zurecht. Die Boulevard-Presse
entdeckt ihn, er wird in Talkshows eingeladen, der »Führer« wird
wieder populär und fasst politisch Fuß. Am Ende blendet der
Film Originalaufnahmen von Pegida-Demonstrationen in Dresden und faschistischen Kundgebungen in anderen europäischen
Ländern ein. Aus dem Off ertönt Hitlers Stimme: »Damit kann
man arbeiten.«

Schon damals blieb vielen Zuschauern der gelungenen Satire
bei diesen Szenen das Lachen im Halse stecken. Doch kaum
jemand glaubte, dass eine Rückkehr zu den Schrecken der 30er
Jahre eine reale Möglichkeit wäre. In keinem anderen Land
nimmt die antifaschistische Erziehung im Schulunterricht derart
breiten Raum ein; überall stehen Gedenkstätten, Museen und
Denkmäler, die an die Gräueltaten der Nazis und an den Holocaust erinnern. Der Inlandsgeheimdienst nennt sich hier »Verfassungsschutz«, weil er angeblich die demokratische Verfassung
vor autoritären Feinden schützt.

Doch nach Chemnitz ist vielen klar geworden: Sie sind tatsächlich wieder da. Mehrere Tausend Neonazis, Rechtsextreme
und Mitläufer zogen am 26. und 27. August 2018 durch die Stra-

ßen der sächsischen Stadt, skandierten ausländerfeindliche Parolen, veranstalteten Hetzjagden auf Migranten, zeigten den Hitlergruß und überfielen ein jüdisches Restaurant. An der Spitze der Demonstration marschierten führende Vertreter der AfD, die als erste rechtsextreme Partei seit dem Zweiten Weltkrieg mit 90 Abgeordneten im Bundestag sitzt. Mittlerweile ist bekannt geworden, dass sich in Chemnitz eine rechtsterroristische Zelle gegründet hat, die Anschläge auf politische Gegner und Flüchtlinge plante.

Die AfD ist noch keine Massenpartei und der braune Mob in Chemnitz, zusammengekarrt aus der ganzen Bundesrepublik, hat nicht das Ausmaß der gewaltbereiten Horden, die Hitler zur Verfügung standen. Aber die Neonazis genießen schon heute die Unterstützung von breiten Teilen des Staatsapparats und werden gezielt aufgebaut und ermutigt.

Obschon eine Massenpartei, geriet die NSDAP nach den Wahlen vom November 1932 in eine schwere Krise. An die Macht gebracht wurde sie im Januar 1933 schließlich durch eine staatliche Verschwörung, die sich auf einen engen Zirkel um den ehemaligen Reichskanzler Franz von Papen, den deutsch-nationalen Medienzar Alfred Hugenberg und Reichspräsident Paul von Hindenburg konzentrierte. »Hinter ihnen standen mächtige Lobbys, die Wirtschaft, die Großgrundbesitzer und nicht zuletzt die Reichswehr«, schreibt Ian Kershaw in seiner Hitler-Biografie.[1]

Diese Lobbys brauchten die Nazis, um die Arbeiterbewegung zu zerschlagen, die Bevölkerung einzuschüchtern und einen neuen Krieg als Revanche für die Niederlage im Ersten Weltkrieg vorzubereiten. »Den herrschenden Gruppen fehlte die Massenbasis zur Festigung ihrer Vormachtstellung und endgültigen Zerschlagung der Macht der organisierten Arbeiterschaft. Diese Aufgabe sollte Hitler für sie erledigen«, schreibt Kershaw. Die Masse des deutschen Volkes spielte bei diesen »Intrigen auf höchster politischer Ebene in der zweiten Jahreshälfte 1932 [...] weder eine Rolle, noch wusste sie davon. Die Menschen konnten die dramatischen politischen Ereignisse, die ihre Zukunft bestimmen würden, nicht beeinflussen.«[2]

Hatte sich 1933 die Verschwörung der herrschenden Eliten auf eine bestehende faschistische Bewegung gestützt, ist es heute umgekehrt. Das Anwachsen der AfD ist das Ergebnis einer solchen Verschwörung. Man kann es nicht verstehen, ohne die Rolle der Regierung, des Staatsapparats, der Parteien, der Medien und der Ideologen an den Universitäten zu untersuchen, die ihr den Weg bereiten. Das ist das Thema dieses Buches. Es zeigt auf, wie in den letzten fünf Jahren die Rückkehr des deutschen Militarismus und der Aufbau eines Polizeistaats vorangetrieben wurden und das ideologische Fundament für eine faschistische Bewegung gelegt wurde.

Der globale Kapitalismus hat keines der Probleme gelöst, die in den 1930er Jahren in die Katastrophe führten. Alle sozialen, ökonomischen und geopolitischen Widersprüche brechen mit Macht wieder auf.

Noch nie war die Kluft zwischen den Klassen so tief wie heute. Weltweit besitzen die acht reichsten Individuen gleich viel Vermögen wie die ärmere Hälfte der Menschheit, also 3,6 Milliarden Menschen, zusammengenommen. Diese soziale Polarisierung zieht sich durch alle Länder. In Deutschland ist der Anteil der Reichen und Superreichen seit Mitte der 1990er Jahre steil angestiegen, während die unteren Schichten einen massiven Einbruch erlitten. 12,9 Millionen Menschen sind von Armut betrof-

fen und 3,2 Millionen arbeiten in mehr als einem Job, weil der
niedrige Lohn sonst nicht zum Leben reicht. Größere Klassen-
auseinandersetzungen sind bisher nur deshalb ausgeblieben,
weil die Gewerkschaften, die SPD und die Linke vollständig ins
Lager der herrschenden Klasse übergegangen sind und alles tun,
um den Klassenkampf zu unterdrücken. Doch das hat seine
Grenzen, es gibt deutliche Anzeichen wachsender Militanz.

Auch die Konflikte zwischen den Großmächten spitzen sich
dramatisch zu. Die Vereinigten Staaten versuchen, ihren ökonomischen Niedergang durch aggressive Kriege auszugleichen.
Nach den ölreichen Regionen des Nahen Ostens geraten zunehmend China und Russland ins Visier der amerikanischen Mili-
tärmacht. Aber auch bisherige Verbündete und insbesondere
Deutschland bleiben von Handelskriegsmaßnahmen und militärischen Drohungen nicht verschont.

Die deutsche Bourgeoisie wird dadurch wieder vor dieselben
Probleme gestellt, die sie mittels Krieg und Faschismus zu lösen
versucht hatte. Um Raum für die exportabhängige deutsche
Wirtschaft zu schaffen und die explosiven Klassenspannungen
im Innern zu unterdrücken – fast die Hälfte der arbeitsfähigen
Bevölkerung war im Januar 1933 arbeitslos oder in Kurzarbeit,
der Durchschnittslohn war in drei Jahren um ein Viertel gefal-
len –, wollte sie Europa gewaltsam unterjochen und »Lebens-
raum« im Osten erobern. Nun kehrt sie zu denselben Methoden
zurück.

Bereits nach der Bundestagswahl 2013 hatten sich CDU, CSU
und SPD in ungewöhnlich langen Koalitionsverhandlungen auf
eine beispiellose Steigerung des Militarismus geeinigt. Deutschland sollte, in den Worten von Bundespräsident Joachim Gauck,
wieder eine Rolle in Europa und in der Welt spielen, die seiner

Größe und seinem Einfluss tatsächlich entspricht. Der neue Kurs wurde von den herrschenden Eliten einhellig unterstützt. Die beiden Oppositionsparteien Grüne und Linke hatten sich unter dem Dach der Stiftung Wissenschaft und Politik (SWP) an seiner Ausarbeitung beteiligt. Auch die Medien waren begeistert. Und an den Universitäten, insbesondere an der Berliner Humboldt-Universität, begann eine intensive Kampagne, den deutschen Militarismus durch Geschichtsfälschungen zu rehabilitieren. Das erste Kapitel dieses Buches zeichnet die damaligen Ereignisse nach.

In der Bevölkerung gibt es dagegen keine Unterstützung für den Militarismus. Nach den schrecklichen Erfahrungen von zwei Weltkriegen, die kaum einer Familie erspart blieben, ist die Opposition gegen Krieg tief verwurzelt. Unter diesen Bedingungen setzen die herrschenden Eliten auf autoritäre Methoden und staatliche Unterdrückung. »Zu hohe Spannung des internationalen Klassenkampfes führt zum Kurzschluss der Diktatur«, notierte Leo Trotzki im November 1929 und fügte hinzu, »die Sicherungen der Demokratie schlagen eine nach der anderen durch«.[3] Das gilt heute nicht nur für die USA und für Italien oder Österreich, wo rechtsextreme Kräfte bereits in die Regierung eingebunden sind, sondern auch für Deutschland.

Obwohl sie bei der letzten Bundestagswahl nur 12,6 Prozent der Stimmen erhielt, dominiert die AfD die Politik. In monatelangen Verhandlungen haben sich Union und SPD auf ein Regierungsprogramm geeinigt, das weitgehend die Handschrift der AfD trägt – insbesondere bei der Flüchtlingspolitik, der massiven inneren und äußeren Aufrüstung und der Unterdrückung linker Opposition. Im Bundestag wird die rechtsextreme Partei hofiert. Mit der Entscheidung vom Januar 2018, die diskredi-

tierte Große Koalition mit der CDU/CSU fortzusetzen, hat die
SPD der AfD die Rolle der offiziellen Oppositionsführerin eingeräumt. In den parlamentarischen Ausschüssen arbeiten alle
Parteien eng mit der AfD zusammen und haben ihr den Vorsitz
des Rechtsausschusses, des zentralen Haushaltsausschusses und
des Tourismusausschusses überlassen.

Doch anders als 1933 wird diese Politik heute nicht von einer
faschistischen Massenbewegung getragen. Ganz im Gegenteil
wird die rechte Politik der Großen Koalition von breiten Schichten der Bevölkerung abgelehnt. Laut Umfragen sind 82 Prozent
der Befragten dafür, Flüchtlinge aufzunehmen. Jede Woche finden in vielen Städten Massendemonstrationen gegen die rechte
Gefahr, gegen die Regierung und gegen die Rolle des Verfassungsschutzes statt. Allein in München haben in diesem Jahr
bereits dreimal Zehntausende gegen Staatsaufrüstung, soziale
Ungleichheit und Militarismus protestiert. In Berlin beteiligten
sich im Mai 70 000 Menschen an Protesten gegen eine AfD-
Demonstration, zu der trotz bundesweiter Mobilisierung nur
2000 Rechtsradikale gekommen waren. Laut einer Umfrage des
Spiegel vom Juli 2018 sehen zwei Drittel der Bevölkerung einen
Rechtsruck in Deutschland und lehnen diesen ab.

Die AfD verfügt weder über eine massenhafte Anhängerschaft
noch über schlagkräftige Einheiten wie einst die SA, die sich aus
entwurzelten Weltkriegssoldaten, ruinierten Kleinbürgern und
verzweifelten Arbeitslosen rekrutierte. Die Stärke der AfD ergibt
sich ausschließlich aus der Unterstützung, die sie von Parteien,
Medien, der Regierung und dem Staatsapparat erhält.

Als der braune Mob durch Chemnitz marodierte, stellte sich
der damalige Verfassungsschutzpräsident Hans-Georg Maaßen
hinter die Nazis, leugnete in der *Bild*-Zeitung, dass es überhaupt

Hetzjagden gegeben habe, und stellte im Stil rechter Verschwörungstheorien die Authentizität entsprechender Videos in Frage.
Innenminister Horst Seehofer verkündete, er wäre selbst mitmarschiert, wenn er nicht Minister wäre, und ergänzte in bester
AfD-Manier: »Die Migrationsfrage ist die Mutter aller politischen Probleme in diesem Land.«

Im aktuellen Verfassungsschutzbericht, den Maaßen vor der
Veröffentlichung mit führenden AfD-Vertretern diskutiert hatte,
werden die AfD und ihr rechtsextremes Umfeld (Pegida, Björn
Höcke, Götz Kubitschek usw.) mit keiner Silbe erwähnt. Dagegen
wird jeder als »linksextremistisch« diffamiert, der »gegen vermeintlichen Nationalismus, Imperialismus und Militarismus«
auftritt, gegen Rechtsextremismus protestiert oder darüber
Informationen sammelt. Die Sozialistische Gleichheitspartei, die
eine führende Rolle im Kampf gegen die Rechten spielt, wird
erstmals als »linksextremistische Partei« und als »Beobach-
tungsobjekt« gelistet.

Die einzelnen Kapitel des vorliegenden Buches befassen sich
detailliert mit der Rolle von Akademikern, Medien, politischen
Parteien und Staatsapparat beim Aufbau und der Stärkung der
AfD. Es ist nicht vom Standpunkt eines neutralen Beobachters
geschrieben, sondern als Beitrag zum Kampf gegen die Wiederkehr von Militarismus und Faschismus. Es soll dazu beitragen,
dass die Nürnberger Prozesse dieses Mal geführt werden, bevor
es zur Katastrophe kommt, und nicht erst danach.

Der Autor war an den im zweiten Kapitel beschriebenen Auseinandersetzungen an der Berliner Humboldt-Universität als
langjähriger Sprecher der trotzkistischen Jugendorganisation
IYSSE und stellvertretender Vorsitzender der Sozialistischen
Gleichheitspartei (SGP) aktiv beteiligt. Das ist kein Manko.

Angesichts der enormen gesellschaftlichen Spannungen lässt sich ein solches Buch nur in der Form einer Polemik schreiben.

Als die SGP und ihre Jugendorganisation, die International Youth and Students for Social Equality (IYSSE), den Humboldt-Historiker Jörg Baberowski 2014 öffentlich kritisierten, weil er Hitler im *Spiegel* bescheinigt hatte, er sei nicht grausam gewesen, stießen sie in ein Wespennest. Die Leitung der Universität, zahlreiche Professoren und alle großen Zeitungen entfesselten eine wüste Kampagne gegen die IYSSE und verteidigten den rechtsradikalen Professor. Das änderte sich auch nicht, als ihm das Oberlandesgericht Köln bescheinigte, dass die Bewertungen »rechtsradikal«, »rassistisch« und »gewaltverherrlichend« legitim seien, und Baberowski auch in tagespolitischen Fragen mit offen rechtsradikalen Standpunkten an die Öffentlichkeit trat.

Der Aufstieg der AfD und der scharfe Rechtskurs der Bundesregierung wären ohne eine reaktionäre Offensive an den Universitäten nicht denkbar gewesen, und die Humboldt-Universität spielte dabei eine zentrale Rolle. Schon vor dem Ersten Weltkrieg waren die Universitäten in den Dienst des Militarismus gestellt worden, indem Nationalmythen erfunden und entwickelt wurden. Vor dem Zweiten Weltkrieg spielten Geschichtsfälschungen wie die Dolchstoßlegende eine zentrale Rolle bei der Wiederbelebung des Militarismus. Heute müssen die Herrschenden in Deutschland die größten Verbrechen der Menschheitsgeschichte relativieren und verharmlosen, um erneut an die Ziele zweier Weltkriege anknüpfen zu können.

Der Text dieses Buches stützt sich in weiten Passagen auf Material, das im Zuge der Auseinandersetzungen entstand. Er ist das Produkt einer kollektiven Arbeit, die der Autor zusammengetragen und kommentiert hat. Daher sind in den Text viele

Formulierungen aus Erklärungen der IYSSE, der SGP und Artikeln der *World Socialist Web Site* eingeflossen, ohne dass sie als
Zitate kenntlich gemacht sind. Als Co-Autoren genannt seien
hier insbesondere Peter Schwarz, Johannes Stern, Ulrich Rippert
und Sven Wurm, die viele dieser Texte verfasst haben. Der Kampf
gegen Nationalismus erfordert eine internationale Orientierung
und die enge Zusammenarbeit mit Genossen auf der ganzen
Welt. Ohne die zahlreichen Diskussionen mit ihnen und insbesondere mit David North, dem Chefredakteur der *World Socialist Web Site* und Vorsitzenden der Socialist Equality Party (SEP)
in den USA, wäre nicht nur dieses Buch, sondern die ganze Initiative gegen die Rückkehr des deutschen Militarismus nicht
möglich gewesen.

Die Rückkehr
des deutschen Militarismus

Leugnung der deutschen Kriegsschuld 1914

»Die Geschichte ist zum Schlachtfeld geworden«, stellt David North im Vorwort zu seinem Buch »Die Russische Revolution und das unvollendete Zwanzigste Jahrhundert« fest. »Die ständig zunehmenden Konflikte und Krisen des 21. Jahrhunderts sind ausnahmslos mit Auseinandersetzungen über die Geschichte des 20. Jahrhunderts verwoben. Je stärker aktuelle politische Kämpfe an historische Fragen rühren, desto offener wird der Umgang mit ihnen durch politische Erwägungen bestimmt. Die Vergangenheit wird im Interesse der heutigen politischen Reaktion gefälscht.«[1]

Das gilt ganz besonders für Deutschland, wo nicht nur der Marxismus entstand und die erste sozialistische Massenpartei aufgebaut wurde, sondern auch die größten Verbrechen der Menschheitsgeschichte begangen wurden. Die Schrecken zweier Weltkriege und des Holocaust haben sich tief ins Bewusstsein breiter Massen eingebrannt. Man kann heute keinen Schritt durch die Hauptstadt machen, ohne auf Stolpersteine, Mahnmale oder Spuren der Vernichtung zu stoßen. Keine Familie, die von den schrecklichen Ereignissen nicht grundlegend betroffen wäre.

Das verleiht den Versuchen, die Geschichte zu fälschen und den Imperialismus von seinen Verbrechen reinzuwaschen, in diesem Land einen besonders aggressiven Charakter. Das einhundertste Jahr nach Ausbruch des Ersten Weltkriegs begann mit einer beispiellosen Kampagne, die deutsche Schuld an dem Waffengang zu relativieren. Akademiker, Journalisten und rechte Ideologen wurden nicht müde, die imperialistische Zielsetzung des Kriegs zu leugnen und den Kriegsbeginn als eine Art unglücklichen Zufall darzustellen.

Gleich am 4. Januar 2014 veröffentlichten der rechte Militärhistoriker Sönke Neitzel, Professor Dominik Geppert von der Universität Bonn, die neurechte Autorin Cora Stephan und Professor Thomas Weber einen gemeinsamen Artikel zum Ersten Weltkrieg in der Tageszeitung *Die Welt*. Darin leugneten sie, dass der deutsche Imperialismus 1914 aggressive Ziele erreichen wollte. »Die deutsche Führung schließlich verfolgte, getrieben von Abstiegsängsten und Einkreisungssorgen, das defensive Ziel, jene prekäre Situation einer begrenzten Hegemonie auf dem europäischen Kontinent wieder zu errichten, die das Reich unter Bismarck besessen hatte, weit entfernt davon, übermütig und größenwahnsinnig nach der Weltmacht zu greifen«, hieß es in dem Artikel.[2]

Die Autoren bezogen sich dabei auf zwei Bücher, die kurz zuvor erschienen waren und die auch in zahlreichen anderen Publikationen zur Grundlage von derlei Geschichtsklitterung genutzt wurden: Christopher Clarks »Die Schlafwandler. Wie Europa in den Ersten Weltkrieg zog« und Herfried Münklers »Der Große Krieg: Die Welt 1914–1918«. Während sich der australische Historiker Clark von dieser Lesart seines Buchs zuweilen distanzierte, sah Münkler den Hauptzweck seines Werkes gerade darin, den deutschen Imperialismus von seinen Verbrechen reinzuwaschen.

Dazu griff Münkler insbesondere den Historiker Fritz Fischer an, dessen umfassende empirische Forschung zum Ersten Weltkrieg die deutsche Geschichtsschreibung seit den 60er Jahren prägte. Schon im Vorwort seines eigenen 800-seitigen Buchs hatte Münkler behauptet, »die Thesen Fritz Fischers, die den Deutschen die Hauptschuld am Krieg anlasten«, seien nicht länger haltbar. An anderer Stelle bekannte er sich zum Ziel, die »Dominanz der Fischer-Schule in Deutschland« zu beenden und »die von Fischer und seinen Schülern vorgenommene Themenversiegelung« aufzulösen.[3]

Mit diesem Angriff auf Fischer wollte Münkler die Geschichtslügen rehabilitieren, denen Fischer entgegengetreten war. In den 50er Jahren war die Geschichtswissenschaft in Deutschland von rechtskonservativen Historikern geprägt, die schon in der Weimarer Republik und größtenteils auch im Dritten Reich gelehrt hatten. Sie behaupteten, dass Deutschland im Ersten Weltkrieg rein defensive Ziele verfolgt habe und es keinen Zusammenhang zwischen dem Krieg und der imperialistischen »Weltpolitik« des Kaiserreichs gegeben habe. Auf diese Weise sollte jede Kontinuität der Kriegsziele des Ersten und Zweiten Weltkriegs geleugnet werden. Die alten Nazi-Eliten, die zum großen Teil in Amt und Würden geblieben waren, wollten ihre eigene Verantwortung minimieren und Hitler als eine Art Betriebsunfall darstellen, der nichts mit der traditionellen Politik der herrschenden Klasse in Deutschland zu tun hatte.

Fritz Fischer durchbrach diesen offiziellen Konsens. Als er im Oktober 1961 sein Buch »Griff nach der Weltmacht« vorlegte, löste er einen Sturm der Entrüstung aus und wurde von konservativen Historikern und Politikern heftig angefeindet.

Fischer weist in seinem Werk minutiös nach, dass es einen direkten Zusammenhang zwischen der »Weltpolitik«, die die globalen Ansprüche des wirtschaftlich rasch expandierenden

Deutschen Reichs formulierte, und dem Kriegsausbruch im Sommer 1914 gab. Er geht ausführlich auf den Zusammenhang zwischen der rasanten wirtschaftlichen Expansion Deutschlands und seinem Anspruch auf Weltmacht ein, der es in Konflikt mit seinen imperialistischen Rivalen brachte, die die Welt bereits unter sich aufgeteilt hatten.

Fischer beschreibt, wie »das Verhältnis von Wirtschaft und Politik im Laufe der ersten Jahre des neuen Jahrhunderts immer enger [wurde], und zwar je mehr die politischen Grundanschauungen der führenden Industriellen, Bankiers und Verbandssekretäre mit denen des Bildungsbürgertums, der hohen Bürokratie sowie der Armee und der Marine übereinstimmten«. Er zeigt, wie das »Ineinandergreifen von wirtschaftlichem Denken, emotionalen Elementen und Weltmachtstreben« seinen Ausdruck in der breiten Zustimmung zum Bau einer Kriegsflotte und der Agitation des Flottenvereins fand.[4]

Unter diesen Bedingungen könne von einem »Hineinschlittern« in den Krieg nicht die Rede sein, stellt Fischer fest. Berlin hatte Wien ermutigt, Serbien den Krieg zu erklären, und Österreich-Ungarn einen »Blankoscheck« ausgestellt, der ihm die militärische Unterstützung Deutschlands gegen Russland zusicherte. Allein das beweist, dass die deutsche Führung den Krieg wollte oder zumindest billigend in Kauf nahm.

Das Septemberprogramm von Reichskanzler Theobald von Bethmann Hollweg, das »Ideen führender Köpfe der Wirtschaft, Politik und des Militärs« formulierte, spiegelte das Weltmachtbestreben der deutschen Eliten wider. Es sollte »im Prinzip Grundlage der gesamten deutschen Kriegszielpolitik bis zum Ende des Krieges« sein, so Fischer. Dem Programm nach sollte die deutsche Vorherrschaft in Mitteleuropa durch Gebietsabtretungen Frankreichs, Belgiens und Luxemburgs, Handelsverträge, die diese Länder in deutsche Abhängigkeit brachten, die Gründung eines mitteleuropäischen Wirtschaftsverbandes unter Einschluss Frankreichs, Belgiens, Hollands, Dänemarks, Österreich-Ungarns, Polens und eventuell Italiens, Schwedens und Norwegens sowie die Zurückdrängung Russlands erreicht werden.

Fischers Werk, das sich auf gründliche Recherchen und die systematische Auswertung einer Vielzahl neuer Quellen stützte, wurde von den rechten Historikern und auch zahlreichen Politikern heftig angegriffen. Doch trotz dieser Front setzten sich Fischers Thesen schließlich durch und wurden durch zahlreiche weitere Arbeiten untermauert.

Münkler und seine Mitstreiter, die Fischer intellektuell nicht ansatzweise das Wasser reichen können, wollten dieses Ergebnis revidieren und wieder an die rechts-konservativen Geschichtslügen anknüpfen. Dabei wiederholten sie altbekannte Behauptungen aus der Fischer-Kontroverse, die längst beantwortet und widerlegt worden waren. Münklers wichtigster Vorwurf gegen Fischer lautete, seine These »von einer Hauptschuld des Deutschen Reichs am Ersten Weltkrieg« sei falsch. Doch Fischer hatte nie von einer Hauptschuld gesprochen und auch die imperialistische Ausrichtung der anderen Großmächte berücksichtigt. Münkler baute einen Strohmann auf, auf den er dann in der Hoffnung eindrosch, Fischers Werk diskreditieren zu können.

Politik und Geschichte

Zeitgleich zur Flut von Kommentaren, die die imperialistischen Ziele Deutschlands im Ersten Weltkrieg leugneten, fand in der

Hauptstadt Anfang 2014 eine andere Veranstaltung statt, die zunächst wenig Aufmerksamkeit erhielt. Der Professor für osteuropäische Geschichte Jörg Baberowski lud den britischen Historiker Robert Service an die Humboldt-Universität ein, um über seine Biografie des russischen Revolutionärs Leo Trotzki zu referieren.

Die Einladung war eine Provokation, weil sich Service mit seiner Biografie international als Wissenschaftler diskreditiert hatte. David North hatte Service in seinem Buch »Verteidigung Leo Trotzkis« zahlreiche historische Fälschungen und Lügen nachgewiesen, die alle dazu dienten, Trotzki zu verteufeln, und nicht selten direkt aus dem stalinistischen Propagandaarsenal stammten.

Die angesehene Fachzeitschrift *The American Historical Review* gab North im Juni 2011 in vollem Umfang recht. Sie gelangte zum Schluss: »North nennt Services Biografie ein ›zusammengeschustertes Machwerk‹. Harte Worte, aber völlig berechtigt. Harvard University Press hat einem Buch sein Imprimatur erteilt, das die elementaren Regeln der Geschichtswissenschaft missachtet.« Der Autor des Artikels, Bertrand Patenaude, schrieb weiter: »In seinem Eifer, Trotzki niederzumachen, leistet sich Service zahlreiche Verzerrungen der historischen Fakten und offene Fehler in einem Ausmaß, das die intellektuelle Integrität des gesamten Vorhabens in Frage stellt.« Die Fehler seien »so krass, dass sie einem die Sprache verschlagen«, so der Stanford-Professor.[5]

Im Juli 2011 wandten sich dann 14 namhafte Historiker, Politikwissenschaftler und Publizisten aus Deutschland, Österreich und der Schweiz in einem Brief an den Suhrkamp Verlag und rieten von der Veröffentlichung einer deutschen Ausgabe von

Services Trotzki-Biografie ab. Auch sie kritisierten, er habe
»grundlegende Standards der Geschichtswissenschaft missachtet«, und bezeichneten seine Biografie als »Schmähschrift«. Zu
den Unterzeichnern des Briefes gehören Experten von interna-
tionalem Ruf, wie Prof. Hermann Weber (Mannheim), der Leiter
des Instituts für Zeitgeschichte an der Universität Wien Prof.
Oliver Rathkolb, der Leiter der Gedenkstätte Deutscher Widerstand Prof. Peter Steinbach (Berlin), Prof. Heiko Haumann
(Basel) und Prof. Mario Keßler (Potsdam).

David North verstand, dass hinter den schmutzigen Angriffen
auf Leo Trotzki politische Ziele standen. Angesichts einer wachsenden Opposition gegen die zunehmende soziale Ungleichheit
und den ungehemmten Militarismus fürchtet die herrschende
Klasse revolutionäre Konsequenzen. »Unter diesen ungewissen
Umständen wurden in der Bourgeoisie Erinnerungen an die
politische Atmosphäre der 1960er Jahre wach, als die jahrzehntelang unterdrückten Schriften Trotzkis plötzlich zu einer wichti-
gen Lektüre für radikalisierte Jugendliche wurden.«[6] Trotzki, der
die sozialistischen Prinzipien gegen Sozialdemokratie und Stalinismus verteidigt hatte, könnte erneut zum Anziehungspunkt
werden, so North. »Das neue Zeitalter des Präventivkriegs
brachte eine neue literarische Gattung hervor: die Präventivbio-
grafie!«[7]

Die Einladung von Robert Service an die Humboldt-Universität war ein Versuch, den diskreditierten Historiker zu rehabilitieren und das Projekt der Geschichtsfälschung fortzuführen,
das eine neue Generation von den Ideen Leo Trotzkis fernhalten
sollte. Die trotzkistische Partei in Deutschland, die Sozialistische
Gleichheitspartei (SGP)[8], und ihre Jugendorganisation, die International Youth and Students for Social Equality (IYSSE), wand-

ten sich deshalb in einem Offenen Brief an Professor Baberowski
und kündigten an, auf der Veranstaltung kritische Fragen zur
Trotzki-Biografie an Service zu stellen.

Zur Vorbereitung der Diskussion sandten sie dem Referenten
neun schriftliche Fragen zu. Darin gingen sie nicht nur auf die
eklatanten Fehler und offenen Fälschungen sowie den abschät-
zigen und tendenziösen Tenor ein, sondern sprachen auch zwei
Punkte an, die gerade für ein deutsches Publikum von großer
Bedeutung waren. Frage fünf befasste sich damit, dass Service
nichts zu Trotzkis Kampf für eine Einheitsfront gegen den deutschen Faschismus zu sagen hatte. Stattdessen erklärte er: »Hätte
statt Stalin Trotzki die oberste Führung innegehabt, wäre die
Gefahr eines Blutbades in Europa drastisch gestiegen.« IYSSE
und SGP fragten:

> Was wollen Sie damit sagen? Waren die 80 Millionen Toten
> des Zweiten Weltkriegs und des Holocausts kein Blutbad?
> Wie hätte Trotzki, der gegen die Lähmung und Desorientie-
> rung der Arbeiterbewegung durch die stalinistische Bürokra-
> tie und für ihre Mobilisierung gegen die Nazis kämpfte, ein
> größeres Blutbad verursachen können?[9]

Die sechste Frage sprach die ständigen antisemitischen Anspie-
lungen in dem Buch an und verwies auf die Verwendung anti-
semitischer Karikaturen, die im Buch ohne Quellenangabe auf-
tauchen. »Warum benutzen Sie derartige Karikaturen von Juden?
Weshalb dichten Sie ihnen angebliche jüdische Eigenschaften
an? Und weshalb tun Sie das, obwohl Sie genau wissen, dass
Trotzkis Gegner antisemitische Vorurteile gegen ihn mobilisiert
haben?«, fragten SGP und IYSSE.

Jörg Baberowski verwehrt David North den Zutritt zur Service-Veranstaltung

Sie sollten auf diese Fragen keine Antwort erhalten. Denn gegen alle akademischen Gepflogenheiten und demokratischen Prinzipien schirmte Baberowski seinen Gast von jedem ab, den er verdächtigte, eine kritische Frage stellen zu wollen. Der Professor hatte am ursprünglichen Raum der Veranstaltung einen Hinweis angebracht, dass »die Veranstaltung mit Herrn Robert Service leider entfällt«. Tatsächlich hatte er das Treffen aber an einen geheimen Ort verlegt, der über einen Kilometer entfernt im Hauptgebäude der Universität lag und nur engsten Vertrauten Baberowskis mitgeteilt worden war. Dennoch war vor der Tür ein Tross von Sicherheitsleuten postiert, die niemanden einließen, der nicht von Baberowski persönlich auserlesen worden war.

Neben zahlreichen Studierenden der Humboldt-Universität verweigerte Baberowski David North und dem angesehenen Professor Mario Keßler von der Universität Potsdam den Zutritt. In dem bunkerähnlichen Veranstaltungsraum herrschte eine Stimmung der Einschüchterung und Unterdrückung. Als ein Teilnehmer trotz aller Vorsichtsmaßnahmen in einer Frage darauf Bezug nahm, dass Service antisemitische Motive verwendet, verlangte Baberowski, er solle schweigen.

»Ein bestimmtes politisches Ziel erfordert entsprechende Methoden«, erklärten die IYSSE nach diesen Erfahrungen in einem Offenen Brief an die Leitung der Humboldt-Universität. Baberowskis Verhalten am 12. Februar 2014 habe gezeigt, dass sich seine Revision der Geschichte »nur mithilfe von Einschüchterungsmaßnahmen und der Unterdrückung abweichender Meinungen verwirklichen lässt«.[10]

Dabei ging es nicht nur darum, Jugendliche von den Perspektiven Trotzkis abzuschneiden, sondern auch die gesamte Geschichte des 20. Jahrhunderts zu fälschen und den deutschen Imperialismus reinzuwaschen. »Services verlogenes Machwerk passt in dieses Bild«, hieß es dazu im Offenen Brief der IYSSE. »Um die Schuld des Nationalsozialismus zu mindern, wird die russische Oktoberrevolution zu einer verbrecherischen Tat erklärt und Trotzki, der wichtigste marxistische Gegner Stalins, dämonisiert.« Dass bei Baberowski die Verdammung der Oktoberrevolution und die Diskreditierung der trotzkistischen Alternative zum Stalinismus mit der Rationalisierung und Verharmlosung des Nationalsozialismus zusammenkommen, sollte sich rasch bestätigen.

Verharmlosung der Naziverbrechen

Wer nach dem Service-Kolloquium vom Hauptgebäude der Humboldt-Universität zum Bahnhof Friedrichstraße ging, konnte an den zahllosen Zeitschriftenläden die neueste Ausgabe des *Spiegel* erwerben. Darin befand sich ein sechsseitiger Artikel von Dirk Kurbjuweit mit dem Titel »Der Wandel der Vergangenheit«. Zentrales Anliegen des Autors war die Revision der beiden großen geschichtlichen Auseinandersetzungen der Bundesrepublik: der Fischer-Kontroverse und des Historikerstreits der 8oer Jahre. Revisionismus »muss sein«, lautete Kurbjuweits Credo.[11]

In Bezug auf die Fischer-Kontroverse stützt sich der *Spiegel*-Autor im Wesentlichen auf die verlogenen Argumente Herfried Münklers, den er ausführlich interviewte. Ohne einen einzigen Fakt zu nennen, behauptet Kurbjuweit, es gäbe neue Erkenntnisse, die das alte nationale Narrativ defensiver Kriegsziele stützten. Am Ende bemüht auch er nur den geschundenen Strohmann der angeblichen deutschen Hauptschuld, indem er Fischer vorwirft, dass er nicht auch die Kriegsziele der anderen imperialistischen Mächte studiert habe.

Doch im Zentrum des Artikels steht die Verharmlosung der Verbrechen der Nazis und die Rehabilitierung Ernst Noltes. Dieser hatte 1986 mit einem Artikel in der *Frankfurter Allgemeinen Zeitung* mit der Behauptung, Vernichtungskrieg und Holocaust seien letztendlich verständliche Reaktionen auf die Gewalt des Bolschewismus gewesen, den Historikerstreit ausgelöst. Sein Argument lief auf die Wiederholung der Nazi-Propaganda hinaus, der Krieg und der Terror gegen die Sowjetunion hätten präventiven Charakter gehabt. Nolte hatte geschrieben:

Aber gleichwohl muss die folgende Frage als zulässig, ja unvermeidbar erscheinen: Vollbrachten die Nationalsozialisten, vollbrachte Hitler eine »asiatische« Tat vielleicht nur deshalb, weil sie sich und ihresgleichen als potentielle oder wirkliche Opfer einer »asiatischen« Tat betrachteten? War nicht der »Archipel GULag« ursprünglicher als Auschwitz? War nicht der »Klassenmord« der Bolschewiki das logische und faktische Prius des »Rassenmords« der Nationalsozialisten?«[12]

Diese Äußerungen lösten einen Sturm der Entrüstung aus. Zahlreiche Intellektuelle wie Jürgen Habermas, Rudolf Augstein, Heinrich August Winkler, Hans-Ulrich Wehler und Hans Mommsen wiesen sie scharf zurück und kritisierten Nolte öffentlich. Sie machten klar, dass die stalinistische und nationalsozialistische Gewalt höchst unterschiedliche politische und soziale Grundlagen hatte und dass der Zweite Weltkrieg nicht aus Angst vor der Sowjetunion, sondern mit denselben imperialistischen Zielen geführt worden war, wie der Erste.

Nach dieser Auseinandersetzung waren Noltes Auffassungen diskreditiert. Hans Mommsen attestierte Nolte eine Annäherung an »rechtsextreme Standpunkte«[13], und Nolte selbst sprach bald nur noch vor rechtsradikalen Versammlungen.

Kurbjuweit bemüht sich, Nolte zu rehabilitieren, der »nicht mit allem Unrecht« gehabt habe. Für ihn wirke »befremdlich, wie empört damals alle waren«, schließlich habe Nolte doch nur die »Freiheit der Wissenschaft« verteidigt, so der *Spiegel*-Autor. Tatsächlich macht sich Kurbjuweit in jeder Hinsicht mit dem Nazi-Apologeten gemein.

Er beginnt seinen Artikel schon mit dem Zitat eines »gewissen R. Nilostonsky«, der Anfang der 20er Jahre die Gräueltaten

der Bolschewiki im Bürgerkrieg beschrieben habe. Dabei zitiert
er theatralisch-effektvoll eine Geschichte, laut der die Bolschewiki ihre Gefangenen bei lebendigem Leibe von Ratten auffres-
sen ließen. Die Quelle stellt Kurbjuweit als seriös dar und diskutiert im Anschluss nur die Frage, ob Hitler diese Beschreibung
gekannt habe. Was er nicht sagt: Nilostonskys Schrift »Der Blut-
rausch des Bolschewismus«, die nachweislich aus zahllosen Fälschungen besteht, war in den 1920er Jahren unter Rechtsradikalen eine der populärsten Hetzschriften, in denen »die Juden« für
den Bolschewismus und die sozialistische Revolution verantwortlich gemacht wurden. Sie bezieht sich sogar auf die »Proto-
kolle der Weisen von Zion«, ein 1903 in Russland in Umlauf
gebrachtes, auf purer Erfindung beruhendes antisemitisches
Pamphlet, das vor und nach dem Ersten Weltkrieg immer wieder
zur Inszenierung von Pogromen benutzt wurde. Nolte hatte Hitlers Kenntnis dieser rechtsradikalen Verschwörungstheorie als
Beleg dafür angeführt, dass der Holocaust eine Reaktion auf die
Gewalt der Sowjetunion gewesen sei.

Auch der über 90-jährige Ernst Nolte, den Kurbjuweit für den
Artikel interviewte, kommt darin ausführlich und meist unkommentiert zu Wort. So darf er den Polen ohne jede Anmerkung
eine Mitschuld am deutschen Überfall geben:

Ich komme mehr und mehr zu der Überzeugung, dass man
den Anteil der Polen und der Engländer stärker gewichten
muss, als es meist geschieht. Hitler wollte nicht, wie es oft
dargestellt wird, Krieg um des Krieges willen führen. Er hätte
gern mit den Polen ein anti-sowjetisches Bündnis geschlossen. Seine Forderungen gegenüber Polen waren nicht »natio-
nalsozialistisch«, sondern sie gingen in die Zeit der Weimarer

Republik zurück. Wenn die polnische Regierung, wie es von
Hitler gewünscht wurde, einen Unterhändler geschickt und
jenen »Weimarer« Forderungen der Rückkehr Danzigs zum
Deutschen Reich und der Errichtung exterritorialer Straßen-
und Bahnverbindungen durch den »Korridor« zugestimmt
hätte, wäre Polen von Hitler nicht angegriffen worden.

Kurbjuweits wichtigster Gewährsmann für die Rehabilitierung
Noltes ist wiederum Jörg Baberowski. »Nolte wurde Unrecht
getan. Er hatte historisch recht«, wird der Humboldt-Professor
in besagtem Artikel zitiert. Als Begründung fügt er hinzu: »Hitler war kein Psychopath, er war nicht grausam. Er wollte nicht,
dass an seinem Tisch über die Judenvernichtung geredet wird.«
Den Holocaust setzte Baberowski auf eine Stufe mit Erschießun-
gen während des russischen Bürgerkriegs: »Im Grunde war es
das Gleiche: industrielle Tötung.«

Das allein ist eine abscheuliche Verniedlichung der NS-Tö-
tungsmaschinerie, die den ganzen Kontinent umspannte und bis
ins Detail industriell durchgeplant war. Und auch wenn Baberowski dies leugnet, wurde die Massenvernichtung der europäischen Juden in den Konzentrationslagern auch an Hitlers Ess-
tisch geplant. Am 25. Januar 1942, kurz nach der Wannsee-Kon-
ferenz, sagte Hitler beim Mittagessen zu Heinrich Himmler:
»Wenn er [der Jude] dabei kaputt geht, da kann ich nicht helfen.
Ich sehe nur eines: die absolute Ausrottung, wenn sie nicht frei-
willig gehen. Warum soll ich einen Juden mit anderen Augen
ansehen, als einen russischen Gefangenen?«[14] Dieses Gespräch
mit Himmler gilt als Startschuss dafür, dass nicht mehr vor-
nehmlich Kriegsgefangene, sondern auch massenhaft Juden in
die Konzentrationslager gebracht wurden. »Kurz nach dem

Essen rief Himmler Heydrich in Prag an und setzte ihn ins Bild.
Die Notiz für diesen Anruf in Himmlers Dienstkalender lautet:
›Juden in die KL.s.‹«, schreibt Nikolaus Wachsmann in seiner
umfassenden Untersuchung über die Konzentrationslager.[15]

Die bodenlose Geschichtsfälschung und Verharmlosung der
Nazi-Verbrechen durch Baberowski stieß innerhalb der akade-
mischen und medialen Welt auf keinerlei Widerspruch. Hatten
Noltes Thesen in den 80er Jahren noch heftige Kritik ausgelöst,
wurden nun die IYSSE, die diese Auffassungen in Flugblättern
und auf Veranstaltungen kritisierten, massiv angegriffen. Die
Leitung der Humboldt-Universität, die *Frankfurter Allgemeine
Zeitung* und Vertreter sämtlicher Bundestagsparteien stellten
sich hinter die Verharmlosung Hitlers und diffamierten die
IYSSE.

Dieser massive Rechtsruck im intellektuellen Leben Deutschlands kann nicht einfach mit der Rückgratlosigkeit vieler Akademiker erklärt werden, auch wenn diese zweifellos eine Rolle
spielte. Hinter dem Duckmäusertum der Professoren steht eine
grundlegendere Entwicklung: die Rückkehr des deutschen Militarismus. Die Fälschung der Geschichte dient der Vorbereitung
neuer Kriege.

Am klarsten formulierte dies wiederum Herfried Münkler,
der in einem Artikel für die Website des Außenministeriums vor
der »demokratischen Vulnerabilität der deutschen Außenpolitik« warnte, die sich daraus ergebe, dass die Regierung die tat-
sächliche Ausrichtung ihrer Politik verschweigen müsse.[16] An
anderer Stelle nennt er als wichtigstes Mittel zur Überwindung
dieser Verletzlichkeit das Umschreiben der Geschichte und die
Relativierung der Verbrechen des deutschen Militarismus. »Es
lässt sich kaum eine verantwortliche Politik in Europa betreiben,

wenn man die Vorstellung hat: Wir sind an allem schuld gewesen. Bezogen auf 1914 ist das eine Legende«, sagte Münkler in einem Interview mit der *Süddeutschen Zeitung* vom 4. Januar 2014. Damit machte er deutlich, dass die Fälschung der Geschichte Teil einer sehr viel umfassenderen Entwicklung hin zu Militarismus und Krieg war.

Eine militaristische Verschwörung

Nach der bedingungslosen Kapitulation des Dritten Reiches waren die deutschen Eliten gezwungen, zumindest offiziell von ihren Weltmachtbestrebungen Abstand zu nehmen. Doch in der Bundesrepublik blieben die Nazi-Seilschaften weitestgehend intakt und die alten Nazis in Amt und Würden. Mit der Wiedervereinigung kehrten diese Fragen mit Macht zurück. Schon 1993 erklärte der damalige Außenminister Klaus Kinkel (FDP), dass Deutschland »als Volk von achtzig Millionen Menschen, als wirtschaftsstärkstes Land in der Mitte Europas« eine »neue Verantwortung trage«. Darauf müsse es sein »außenpolitisches Handeln in ganzer Breite einstellen«.[17]

Dieser Ankündigung folgte unter der rot-grünen Bundesregierung 1999 mit der Bombardierung Serbiens der erste Angriffskrieg von deutschem Boden seit dem Ende des Dritten Reichs. Seit 2001 beteiligt sich Deutschland an der Besetzung Afghanistans und ist dort für zahlreiche Kriegsverbrechen verantwortlich. Nach der Finanzkrise 2008 und den damit verbundenen wachsenden geopolitischen Konflikten wurde der Militarismus enorm eskaliert und die Bemühungen verstärkt, Europa unter deutsche Dominanz zu bringen.

Die Fälschung der Geschichte, die 2014 an Fahrt aufnahm, war Bestandteil einer umfasssenderen Kampagne für eine »außenpolitische Wende«. In seiner viel zitierten Festrede zum Tag der Deutschen Einheit am 3. Oktober 2013 postulierte der damalige Bundespräsident Joachim Gauck unumwunden die Rückkehr zu einer aggressiven Außenpolitik. »Deutschland ist bevölkerungsreich, in der Mitte des Kontinents gelegen und die viertgrößte Wirtschaftsmacht der Welt«, erklärte er und forderte, es müsse in »Krisen in fernen Weltregionen« eingreifen. »Wir sollten uns nicht der Illusion hingeben, wir könnten verschont bleiben von den politischen und ökonomischen, den ökologischen und militärischen Konflikten ...«[18]

Diese Rede war monatelang vorbereitet worden. Spätestens seit November 2012 hatten sich in Berlin unter dem Dach des German Marshall Fund (GMF) und der Stiftung Wissenschaft und Politik (SWP) Vertreter aus Bundestag, Verwaltung, Wissenschaft, Wirtschaft, Stiftungen, Denkfabriken, Medien und Nichtregierungsorganisationen versammelt, um »die zentralen Herausforderungen für die deutsche Außen- und Sicherheitspolitik der kommenden Jahre« zu diskutieren, wie es auf der Homepage des Projekts heißt. Die Gruppe traf zu einer »sich über ein Jahr erstreckenden Serie von Konferenzen und Workshops« zusammen.

Zu der Gruppe gehörten mit Jochen Bittner von der *Zeit* und Nikolas Busse von der *F. A. Z.* Vertreter wichtiger Medien. Neben der Daimler AG sandte auch der Bundesverband der Deutschen Industrie einen Vertreter in die Arbeitsgemeinschaft. Außerdem hatten sämtliche Bundestagsparteien Vertreter in dem Gremium. Für die Grünen kam der Obmann im Verteidigungsausschuss des Bundestags Omid Nouripour und für Die Linke Stefan Liebich, der für die Partei im Auswärtigen Ausschuss saß. Zudem nahmen Professoren zahlreicher Universitäten an den Treffen teil. Darunter befand sich etwa der Völkerrechtler Georg Nolte von der Humboldt-Universität, der Sohn Ernst Noltes. Für den GMF nahm Thomas Kleine-Brockhoff teil, der im August 2013 ins Bundespräsidialamt wechselte, wo er für die Reden Gaucks verantwortlich war.

Kurz nach Gaucks Rede wurde der Bericht der Arbeitsgemeinschaft unter dem Titel »Neue Macht, neue Verantwortung«[19] veröffentlicht. Er macht mehr als deutlich, worum es den Teilnehmern ging. Das Papier stellt gleich zu Beginn klar, dass Deutschland »künftig öfter und entschiedener führen« müsse, um seine geostrategischen und wirtschaftlichen Interessen weltweit zu verfolgen. »Eine pragmatische deutsche Sicherheitspolitik, besonders dann, wenn es um aufwendige und längerfristige militärische Einsätze geht«, müsse sich »in erster Linie auf das zunehmend instabil werdende europäische Umfeld von Nordafrika über den Mittleren Osten bis Zentralasien konzentrieren«, heißt es weiter.

Gaucks Rede und die Veröffentlichung des SWP-Papiers fielen in die Zeit zwischen den Bundestagswahlen am 22. September und der Bildung der Großen Koalition am 17. Dezember 2013. SPD, CDU und CSU hatten sich zu wochenlangen Gesprächen zurückgezogen, in denen sie die Rückkehr zu einer aggressiven Außenpolitik gründlich vorbereiteten. Kurz nach der Amtsübernahme der Regierung verkündeten der neue Außenminister Frank-Walter Steinmeier (SPD) und Verteidigungsministerin Ursula von der Leyen (CDU) auf der 50. Münchener Sicherheitskonferenz Anfang 2014 gemeinsam mit Gauck den beschlossenen Kurs.

Steinmeier forderte in teilweise wortgleichen Formulierungen wie Gauck am 3. Oktober 2013, Deutschland müsse »bereit sein, sich außen- und sicherheitspolitisch früher, entschiedener und substanzieller einzubringen«. Er kritisierte die »Kultur des Heraushaltens« und erklärte: »Deutschland ist zu groß, um Weltpolitik nur von der Außenlinie zu kommentieren.« Steinmeier nannte konkret eine Liste von Ländern, die der deutsche Imperialismus als seine Einflusszone betrachtet: »Syrien, Ukraine, Iran, Irak, Libyen, Mali, die Zentralafrikanische Republik, Südsudan, Afghanistan, Spannungen in Ostasien – das ist die unvollständige Liste der ›Hotspots‹ im kommenden Jahr. Der Außen- und Sicherheitspolitik wird die Arbeit nicht ausgehen.«[20]

Von der Leyen stieß ins gleiche Horn. Sie erklärte, dass Gleichgültigkeit »für ein Land wie Deutschland keine Option« sei. Es sei »ein Land von erheblicher Größe« und müsse deshalb seine »internationale Verantwortung« wahrnehmen. Dazu gehörten internationale Militäreinsätze der Nato und der EU. Konkret sicherte sie zu, den »Beitrag in Mali zu verstärken«, sich an der »Zerstörung der Reste chemischer Kampfstoffe aus Syrien« zu beteiligen und »den bevorstehenden Einsatz der Europäischen Union in der Zentralafrikanischen Republik« zu unterstützen.[21]

Zur gleichen Zeit setzte die Bundesregierung die neue außenpolitische Strategie in die Tat um. Zusammen mit ihren Nato-Partnern inszenierte sie in der Ukraine eine Staatskrise und arbeitete unter anderem mit den Faschisten der Swoboda und des Rechten Sektors zusammen, um einem rechten Putsch gegen die gewählte Regierung von Viktor Janukowitsch zum Erfolg zu verhelfen. Dieser hatte zuvor die geplante Partnerschaft mit der EU platzen lassen und sich stärker in Richtung Moskau orientiert.

Die aggressive Politik der Bundesregierung wurde von einer
bis dahin beispiellosen Medienkampagne flankiert. Nicht nur die
F. A. Z. und die *Zeit*, sondern auch die *Süddeutsche Zeitung*, der
Spiegel und die *taz* veröffentlichten im Tagesrhythmus wütende
Attacken auf Russland sowie Rufe nach Militärschlägen und
einer umfassenden Konfrontation. Seinen bildlichen Höhepunkt
fand dies mit dem Titelbild des *Spiegel* 2014/31. Darauf waren
Bilder der Opfer des über der Ukraine abgeschossenen malaysi-
schen Passierflugzeugs MH17 abgebildet mit dem Satz: »Stoppt
Putin jetzt«. Zu diesem Zeitpunkt war völlig unklar, wer das
Flugzeug abgeschossen hatte.

Russland reagierte auf die Provokation der Nato-Staaten mit
der Unterstützung von Separatisten im Osten der Ukraine und
der Annexion der Krim. Diese Gegenmaßnahmen wurden von
der Nato wiederum als Vorwand genommen, massiv aufzurüs-
ten und massenhaft Truppen an die Grenzen Russlands zu ver-
legen. Deutsche Soldaten sind nun erstmals seit dem Überfall auf
die Sowjetunion wieder an der russischen Grenze stationiert.
Außerdem leitet Deutschland die sogenannte Speerspitze der
Nato, die in kürzester Zeit 5 000 Soldaten gegen Russland in
Stellung bringen kann.

Auf dem Nato-Gipfel in Wales im September 2014 verpflich-
teten sich sämtliche Mitglieder, ihre Verteidigungsausgaben binnen zehn Jahren auf zwei Prozent des Bruttoinlandsprodukts zu
steigern. Für Deutschland bedeutet dies, den Militärhaushalt
mehr als zu verdoppeln, was seither rasant vorangetrieben wird.
Seit Januar 2013 hat sich die Bundeswehr an nahezu allen internationalen Kriegseinsätzen beteiligt. Angefangen bei Mali über
den Irak und Syrien bis zum Mittelmeer. Mittlerweile befindet
sich die deutsche Armee in 16 Auslandseinsätzen.

Diese Politik des Militarismus ist nach den Erfahrungen mit Weltkrieg und Faschismus nur mit diktatorischen Methoden gegen die Bevölkerung durchsetzbar. Deshalb kommen mit der Vorbereitung neuer Kriege auch Fremdenfeindlichkeit, Diktatur und Faschismus zurück. Baberowski spielte eine Schlüsselrolle dabei, rechtsradikale Standpunkte, die lange als tabu galten, wieder salonfähig zu machen.

Der Fall Baberowski

Wenn Historiker über ihr Fach hinaus eine gewisse Bekanntheit
erlangen, verdanken sie dies in der Regel einer jahrzehntelangen
systematischen Arbeit an bestimmten geschichtlichen Themen.
Theodor Mommsens »Römische Geschichte«, Friedrich Meine-
ckes Werke zur Ideengeschichte des Nationalstaats oder auch
Fritz Fischers »Griff nach der Weltmacht« waren sorgfältige Studien und nicht selten literarische Meisterwerke.

Jörg Baberowski wurde im Jahr 2003 als Professor an die HU
berufen, ohne auch nur eine einzige bedeutende Studie veröffentlicht zu haben. Seine seither publizierten Bücher zeichnen
sich durch zur Schau gestellte Oberflächlichkeit, intellektuelle
Unzulänglichkeit und offene Fälschungen aus. Nichtsdestotrotz
wurde Baberowski zu einem der medial präsentesten Professoren in Deutschland. Allein in den letzten zehn Jahren trat er in
über 100 Rundfunk- sowie 40 Fernsehsendungen auf und gab
fast 40 Zeitungsinterviews, die er alle auf den offiziellen Seiten
seines Instituts listet.

Das Missverhältnis von intellektueller Kapazität und medialer
Aufmerksamkeit ist darauf zurückzuführen, dass Baberowski
nicht als Wissenschaftler, sondern als rechter Ideologe aufgebaut
wurde. Er nutzt seine Stellung als Professor und seine Arbeiten
zu historischen Fragen, um eine extrem rechte Agenda zu verfolgen. Er selbst erklärte im Mai 2017 gegenüber der *Neuen Zürcher Zeitung* die Bedeutung der Verharmlosung von Nazi-Verbrechen: Seit 1968

ist der Widerstand gegen einen toten Diktator [Adolf Hitler]
Legitimation genug, um sich moralisch über andere Menschen zu erheben. Alle anderen Bevormundungsstrategien
folgen dem gleichen Muster. Wer über Rassismus, Kolonialis-
mus, über Krieg und Frieden oder das Verhältnis der
Geschlechter anders urteilt, als es der hegemoniale Diskurs
erlaubt, wird moralisch diskreditiert.[1]

Um Rassismus und Krieg wieder salonfähig zu machen, muss
dieser Argumentation zufolge die moralische Überlegenheit der
Hitler-Gegner gebrochen werden. Und eben daran arbeitet
Baberowski seit Jahren systematisch – nicht erst seit dem zitierten *Spiegel*-Interview im Februar 2014. Schon 2007 hatte er
behauptet, dass der Vernichtungskrieg der Nazis eine Reaktion
auf die Kriegsführung der Roten Armee gewesen sei: »Stalin und
seine Generäle zwangen der Wehrmacht einen Krieg neuen Typs
auf, der die Zivilbevölkerung nicht mehr verschonte.«[2] Fünf
Jahre später schrieb er ganz ähnlich in seiner Stalin-Biografie
»Verbrannte Erde«:

> In jedem Krieg ist solch ein Zustand [wie er an der Ostfront
> herrschte] Grund genug, um dem Gegner Widerstand zu leis-
> ten und Grausamkeiten zu begehen. Mit Hinweis auf ideolo-
> gische Überzeugungen ist solches Verhalten überhaupt nicht
> erklärbar. Hitlers Soldaten führten keinen Weltanschauungs-
> krieg, sie führten vielmehr einen Krieg, dessen Dynamik sie
> nicht mehr entkamen.[3]

Baberowski verneint, dass der Vernichtungskrieg im Osten von
langer Hand geplant war. Dabei stützt er sich nicht auf histori-

sche Fakten, sondern bedient sich plumper Fälschung, die jeder ernsthaften Forschung ins Gesicht schlägt. So zeigt der amerikanische Historiker Thomas Childers in seinem jüngsten Werk über das Dritte Reich detailliert auf, wie sich im Vernichtungskrieg die Ideologie der Nazis mit den Kriegszielen verband:

> Der Vernichtungskrieg gegen den jüdischen Bolschewismus in der Sowjetunion bildete das Fundament der Nazi-Ideologie und das Ziel, dem sich Hitler während seiner gesamten politischen Laufbahn fanatisch verschrieben hatte. Es war prägend für den Nationalsozialismus und trieb ihn an. Die Konfrontation zwischen Nationalsozialismus und Kommunismus war für Hitler die Hauptsache, eine epische Schlacht der Ideologien, die das Schicksal Deutschlands, Europas und der Welt bestimmen würde. Dies verlieh dem Krieg, den Hitler entfesselt hatte, sein enormes Ausmaß und seine Grausamkeit. Das Zusammenfließen von Geopolitik und Völkermord veränderte den Charakter des Krieges von Grund auf und erzeugte einen Strudel, der Millionen in die erbarmungslose Schlächterei hinabriss.[4]

Weil Baberowski diese historischen Fakten leugnet und die Nazis entschuldet, wiesen ihm bekannte Historiker schon bezüglich seines Buchs »Verbrannte Erde« apologetische Tendenzen nach. Benno Ennker warf dem Buch »eine implizite Entlastung der Wehrmacht« vor und schrieb zu Baberowskis Behauptung, die Nationalsozialisten hätten ihren Vernichtungskrieg »nicht mehr unter Kontrolle bringen« können: »Eine solche – durch nichts belegte – Exkulpation der ideologisch geplanten Vernichtungspolitik im Osten durch ›Situation und Umstände‹ ist bisher nur vom polnischen Skandal-Historiker Bogdan Musial bekannt gewesen.«[5]

Jürgen Zarusky kommentierte: »Jeglichen Beleg für seine waghalsige Behauptung, die sowjetische Führung habe den Krieg begrüßt, bleibt Baberowski schuldig. Die deutschen Planungen, die den Krieg zum Vernichtungskrieg machten, ignoriert er weitestgehend.«[6]

Christoph Dieckmann warf Baberowski vor, er habe »keine ausgewogene differenzierende Studie vorgelegt, sondern eine über 500 Seiten lange Streitschrift, in der Attacken und polarisierte Standpunkte formuliert werden ...«.[7] Er verkenne »die Forschungslage, die den weitgehenden Konsens der deutschen Führung und Wehrmachtspitzen vor dem Angriff auf die Sowjetunion belegt, binnen weniger Monate viele Millionen Sowjetbürger dem Hungertod auszuliefern«. Angesichts dessen wirkten Baberowskis Ausführungen »apologetisch«.[8] Bemerkenswerterweise hat sich nach den Hitler-Äußerungen im *Spiegel* 2014 keiner der Autoren mehr zu Wort gemeldet.

Wir haben an anderer Stelle bereits ausführlich dargelegt,[9] wie Baberowski die Verharmlosung der Nazi-Verbrechen mit der Dämonisierung der Oktoberrevolution verbindet und schließlich sogar behauptet, dass ein Vergleich der Vorkriegsgeschichte des Stalinismus und Nationalsozialismus »aus moralischer Perspektive« zugunsten des deutschen Faschismus ausfalle.[10] Hier soll nun dargelegt werden, wie Baberowski auf der Grundlage dieser Geschichtsfälschung rechtsradikales Gedankengut rehabilitiert.

Rechtfertigung von Krieg und Diktatur

Dutzende seiner Fernseh-, Radio- und Zeitungsinterviews nutzt
Baberowski, um für ein brutales Vorgehen im sogenannten
»Krieg gegen den Terror« und für die massive Aufrüstung des
Staatsapparats zu werben. Während sich Münkler, Gauck, Stein-
meier und andere bemühten, die Rückkehr des deutschen Mili-
tarismus in Phrasen der »außenpolitischen Verantwortung« und
selbst der »Menschenrechte« zu kleiden, legte Baberowski von
Anfang an eine extreme Brutalität an den Tag. In Bezug auf den
Krieg gegen den sogenannten Islamischen Staat im Irak und in
Syrien sagte er am 1. Oktober 2014 auf einer Podiumsdiskussion
im Deutschen Historischen Museum (DHM):

> Und wenn man nicht bereit ist, Geiseln zu nehmen, Dörfer
> niederzubrennen und Menschen aufzuhängen und Furcht und
> Schrecken zu verbreiten, wie es die Terroristen tun, wenn man
> dazu nicht bereit ist, wird man eine solche Auseinanderset-
> zung nicht gewinnen. Dann soll man die Finger davon lassen.[11]

Baberowski sagte dies als glühender Befürworter militärischer
Interventionen gegen Terroristen. In der gleichen Diskussion
betonte er, man müsse klar sagen, »damit das klappt, müssen wir
da auch reingehen. Und das muss es uns wert sein. Das kostet
Geld. Wir müssen da Truppen rein schicken. Diese Länder wie
der Irak, Syrien und Libyen sind nicht mehr im Stande, dieses
Problem selbst zu lösen.« Ähnliche Aufrufe zum Krieg machte
er in unzähligen Artikeln und Diskussionen. Als er zu Beginn des
Jahres 2016 in einem Interview mit der Zeitschrift *Cicero* gefragt
wurde, was er zu dem Satz »Terror lässt sich nicht mit Krieg

bekämpfen« denke, antwortete er, dass er ihn für falsch halte. »Terror begegnet man nur mit Gewaltmitteln«, so Baberowski.[12]

Doch Baberowski rechtfertigt nicht nur menschenverachtende Methoden der Kriegsführung, sondern auch die Gewalt von braunen Banden, die Jagd auf Ausländer machen. Als im Jahr 2015 immer mehr Flüchtlingsunterkünfte brannten, stellte er das als »natürliche« Reaktion besorgter Bürger dar. In der Sendung »Kulturzeit« auf die Brandanschläge angesprochen sagte er: »Überall da, wo viele Menschen aus fremden Kontexten kommen und die Bevölkerung nicht eingebunden wird in die Regelung all dieser Probleme, kommt es natürlich zu Aggressionen.« Schließlich verharmloste er die Nazi-Übergriffe und erklärte: »Ich glaube angesichts der Probleme, die wir in Deutschland haben mit der Einwanderung, die jetzt gerade stattfindet, ist das ja noch eher harmlos, was wir haben.«[13]

Am 19. Mai 2016 behauptete Baberowski dann auf dem Philosophie-Festival phil-cologne, dass »Männer in Deutschland« der Gewalt von Zuwanderern hilflos gegenüberstünden, weil sie sich nicht mehr prügeln könnten. Dies habe sich an Silvester 2016 in Köln gezeigt, als deutsche Männer ihre Frauen nicht gegen angebliche Übergriffe verteidigt hätten. »Wir sehen, dass Männer in Deutschland gar nicht mehr wissen, wie man mit Gewalt umgeht«, so Baberowski. Seine Aussagen wurden von zahlreichen rechtsextremen Websites prominent zitiert.

Zur Rechtfertigung solcher Positionen belebt Baberowski systematisch das Gedankengut der ultrarechten Kreise der Weimarer Republik, die Hitler ideologisch den Weg geebnet hatten. In seinem im September 2015 veröffentlichten Buch »Räume der Gewalt« knüpft er nahtlos an die Theorien von Gestalten wie Arthur Moeller van den Bruck, Ernst Jünger und Carl Schmitt an. Seine Hauptthese lautet, dass Gewalt eine Grundbedingung des Menschen ist, die keiner Bedeutungen, Gründe oder Interessen bedarf. Sie kommt einfach über die Menschen. Diese These kann Baberowski weder biologisch oder evolutionär noch soziologisch oder psychologisch belegen. Er behauptet sie einfach. Dabei leugnet er jedwede historische Entwicklung der menschlichen Psyche und postuliert ein überhistorisches Wesen des Menschen. »Der Mensch wird nicht, was er ist, er ist immer schon komplett gewesen«, meint Baberowski. »Deshalb war die Gewalt zu allen Zeiten eine Möglichkeit, und kein Aufklärungsprogramm hat Menschen je daran gehindert, sich das Verletzen und Töten anderer Menschen vorzustellen.«[14]

Dieser Logik folgend hat Gewalt für Baberowski nichts mit Überzeugungen, Interessen oder gesellschaftlichen Strukturen zu tun. Eine Gewalttat werde »nicht von den Vorstellungen, die man von der Welt hat, motiviert«, erklärt der Professor. »Ideologische Motive sind in diesem Zusammenhang belanglos.«[15] Auch »aus der Perspektive gesellschaftlicher Ursachenforschung« ließen sich Gewaltverhältnisse »nicht verstehen und beschreiben«.[16] Wiederholt leugnet Baberowski, dass Kultur und Gesellschaft überhaupt irgendetwas mit der Entstehung von Gewalt zu tun hätten. Ob jemand sein Leben lang misshandelt wurde, ob es jemandem an nichts mangelt oder ob er in bitterer Armut lebt, ob jemand bestimmte Interessen verfolgt, ist dieser Theorie zufolge unerheblich. Auch die eindeutigen Zusammenhänge zwischen Gewalt und sozialer Ungleichheit wischt Baberowski beiseite.

Dahinter verbirgt sich ein zutiefst irrationales und reaktionäres Weltbild, das vom Menschen als einem unveränderlichen, nicht vernunftbegabten Triebwesen und einer weder beherrsch-

noch machbaren Gesellschaft ausgeht. Gewalt wird nicht im
konkreten historischen Kontext, sondern als abstrakter Ausdruck der menschlichen Natur verstanden. Folgt man dieser
Argumentation der unbedingten Gewalt, ist ein Sklavenaufstand
der bloße Ausdruck der Gewalttätigkeit des Menschen. Oder
wenn etwa die Edelweißpiraten unter Einsatz ihres Lebens
Anschläge auf Einrichtungen der Nazis verübten, handelten sie
nicht aus antifaschistischer Überzeugung, sondern aus ihrer
brutalen Natur heraus. Umgekehrt ist dann der industriell organisierte Massenmord der Nazis auch nur Ausdruck der menschlichen Natur und hat nichts mit der Ideologie der Nazis oder den
Interessen des deutschen Imperialismus zu tun.

Auf dieser völlig unwissenschaftlichen und irrationalen
Grundlage beschreibt Baberowski dann eine exzessive Gewalt-
handlung nach der anderen. Mal aus Romanen, mal anhand his-
torischer Gegebenheiten, niemals aber in irgendeiner Weise systematisch. Alle Beschreibungen unmittelbarer Gewaltsituationen bleiben völlig leer, weil Baberowski seiner eindimensionalen
Gewaltdefinition folgend Überzeugungen, Lebensverhältnisse
und Gründe vollständig außen vor lässt. So hören seine Beschreibungen immer dann auf, wenn eine Untersuchung des Verhält-
nisses gesellschaftlicher Bedingungen und subjektiver Hand-
lungsräume in Gewaltsituationen gerade wissenschaftlich inter-
essant wäre. Stattdessen greift er zu reaktionären Plattitüden, die
mit den beschriebenen Ereignissen nichts zu tun haben. Auf
diese Weise löst sich auch seine Hauptthese, dass man die konkreten Gewalträume, also Situationen betrachten müsse, um
gewalttätige Handlungen zu verstehen, in Luft auf. Denn für
Baberowski sind Situationen eben nicht bestimmte Konstellationen gesellschaftlicher Bedingungen, in denen sich Menschen

verhalten. Vielmehr definieren sie sich ausschließlich danach, ob individuelle Gewalt erlaubt oder verboten ist.

Es ist offensichtlich, dass es Baberowski nicht um ein wissenschaftliches Verständnis bestimmter Gewaltphänomene geht, sondern um die Rechtfertigung von Gewalt. Anders als etwa Wolfgang Sofsky[17] beschränkt sich Baberowski nicht darauf, Gewalt im Allgemeinen als an sich menschlich und unvermeidbar zu beschreiben. Sein Ziel ist es, die Gewalt der Herrschenden, der Sklavenhalter, Könige und Kapitalisten zu rechtfertigen. Bei aller Beliebigkeit seiner Erkenntnistheorie ist er hier sehr explizit.

Schon weiter oben haben wir gesehen, dass Baberowski die Verhältnisse weder für machbar noch für beherrschbar hält. So wie die Gewalttätigkeit des Menschen natürlich ist, ist ihm zufolge auch eine brutale, von Unterdrückung und Ungleichheit beherrschte Gesellschaftsordnung natürlich. Der Professor schreibt:

> Es ist keine Ordnung vorstellbar, die nicht auf Hierarchien und soziale Ungleichheit gegründet wäre, weil Lebenschancen und Fähigkeiten ungleich verteilt sind. Macht, Hierarchie und soziale Differenz sind keine Synonyme für Gewalt, denn wo Menschen miteinander auskommen und sich vor anderen schützen müssen, sind sie darauf angewiesen, Macht zu übertragen.[18]

In einem Gespräch, das die Zeitschrift *Cicero* veröffentlichte, bringt Baberowski den antidemokratischen Charakter dieser Auffassungen auf den Punkt: »Wo mehr als drei Menschen zusammenkommen, muss geklärt werden, wer entscheidet. Der

eine hat dann Macht, die anderen bekommen Ordnungssicher-
heit.«[19] Dieser ebenso dummen wie reaktionären Argumentation zufolge sind gemeinsame, demokratische Entscheidungen
selbst in Kleinstgruppen unmöglich. Damit knüpft Baberowski
direkt an die Ständevorstellungen der Nationalkonservativen der
Weimarer Republik an. Der Mensch sei nicht lernfähig, er sei
von Grund auf gewalttätig, und deshalb seien auch soziale
Ungleichheit und Unterdrückung notwendig. Es ist klar, wozu
diese Ideologie dient. Sie richtet sich gegen jede demokratische
Vorstellung, rechtfertigt soziale Ungleichheit und deren Durchsetzung mit diktatorischen Mitteln. Baberowski ist da sehr explizit: »Jahrhunderte lang haben Menschen einander verletzt und
getötet, und nichts wird sie davon abhalten, es auch in Zukunft
zu tun«, schreibt er und fügt hinzu: »Ohne klare Machtverhält-
nisse gibt es keinen Frieden. Ist das Gleichgewicht von Gehor-
sam und Sicherheit erst einmal erschüttert, ist es mit dem Frieden schnell vorbei.«[20]

Erneut betrachtet Baberowski Gewalt völlig abstrakt und los-
gelöst von allen gesellschaftlichen und historischen Bedingungen. Ob genug Güter für alle vorhanden sind oder ob Mangel
herrscht, wie weit die Technik entwickelt ist und wie sich die
Menschen im Produktionsprozess gegenüberstehen, spielt für
ihn keine Rolle. Er behauptet einfach immer wieder, dass es
Mächtige geben muss, die ihre Macht mit Gewalt durchsetzen
können. Andernfalls gingen die Menschen willkürlich aufeinan-
der los.

Die politischen Implikationen dieser absurden Theorie sind
offensichtlich. Baberowski formuliert sie selbst immer wieder.
Auf einer Podiumsdiskussion zum Thema »Gewalt und Religion« der Berlin-Brandenburgischen Akademie der Wissen-

schaften erklärte er, dass man viel pragmatischer mit Gewalt umgehen könne, wenn man sich keine Gedanken darüber mache, wo sie herkomme. »Das viele Geld, das hinausgeworfen wird für Sozialprogramme, um Menschen zu zivilisieren, das kann man auch in die Spree kippen«, fasste Baberowski seinen Standpunkt zusammen. Stattdessen plädierte er für die Aufrüstung der Polizei und des Staatsapparats.[21]

Im Oktober 2016 stellte sich Baberowski offen in die Tradition der Weimarer Ultrarechten und hielt einen Vortrag zu Ehren des Nazi-Juristen Carl Schmitt.[22] Schmitt hatte schon in den 1920er Jahren, noch bevor er zum Kronjuristen des Dritten Reichs avancierte, eine antidemokratische Rechtsauffassung vertreten. Er legitimierte in seinen Schriften eine »kommissarische Diktatur« und die Abschaffung von Grundrechten, um die Ordnung aufrechtzuerhalten. In dem Vortrag, den Baberowski vor Vertretern der Carl-Schmitt-Gesellschaft hielt, machte er sich dieses Konzept zu eigen und wandte es auf die Oktoberrevolution an. Seine zentrale These lautete, der Sieg der Bolschewiki hätte verhindert werden können, wenn das Zarenregime oder die provisorische Regierung bereit gewesen wären, von Anfang an hart durchzugreifen und die Revolution mit einer brutalen Diktatur zu unterdrücken.

Hetze gegen Flüchtlinge

Auf der Grundlage seiner irrationalen und antidemokratischen Ideologie mauserte sich Baberowski zu einem ideologischen Stichwortgeber der extremen Rechten. Allein seine Kolumnen für die *Basler Zeitung* des Schweizer Rechtsradikalen Christoph

Blocher, die er von Januar 2016 bis Oktober 2017 meist monat-
lich veröffentlichte, lesen sich wie Beiträge zu nahezu allen
Aspekten des Parteiprogramms der AfD.

Tiraden gegen Merkels Flüchtlingspolitik wechseln sich ab
mit Aufrufen zu rücksichtsloser staatlicher Härte gegen islamis-
tischen Terror:»Indifferenz ist nur ein anderes Wort für Feigheit. Wer keine andere Sprache als die Gewalt versteht, soll sie
auch zu spüren bekommen.«[23] Über Politiker, die nach dem Ter-
roranschlag in Berlin zur Besonnenheit aufrufen, schimpft Baberowski:»Auf der politischen Bühne wird das Lied der Selbstent-
machtung gesungen.«[24]

Den Wahlsieg Donald Trumps feiert er in der *Basler Zeitung*
als Schlag »wider die Kultur des politisch Korrekten«.[25] Die AfD
verteidigt er gegen die »haltlose Unterstellung«, unter ihren
Abgeordneten befänden sich Faschisten.[26]

Ein weiteres, ständig wiederkehrendes Thema, das an Trump
und Steve Bannon erinnert, sind Baberowskis Angriffe auf die
Medien und die etablierten Parteien. Der Professor, dem sämtliche medialen Kanäle offen stehen und der seine Kritiker rücksichtslos angreift, wiederholt unentwegt sein Mantra, er lebe in
einer Meinungsdiktatur. Kritik an völkischen Vorstellungen und
Fremdenfeindlichkeit kommentiert er mit den Worten:»Mit
entsicherter Moralpistole zwingt die Diktatur des politisch Korrekten die Bürger, nur noch so zu sprechen, wie es ihr gefällt.«[27]

Schon auf dem Höhepunkt der Flüchtlingskrise im Oktober
2015 hatte er in der *Neuen Zürcher Zeitung* gegen den »Tugend-
wahn« der »Obrigkeit« gewettert, die Flüchtlingsgegner von »der
Debatte über die Einwanderung« ausschließe:»Besonnenheit
und Vernunft sind im Reich der Moralprediger, in das die Leitmedien Deutschland verwandelt haben, verboten. Wer auf den

gesunden Menschenverstand verweist, riskiert Ausgrenzung und Ächtung [...] Wer gegen die Konventionen der Tugendrepublik verstößt, wird nach Dunkeldeutschland verbannt.«[28]

In der *Frankfurter Allgemeinen Zeitung* spielte Baberowski sozial Benachteiligte gegen Flüchtlinge aus. »Warum soll eigentlich ein Einwanderer gratis erhalten, wofür diejenigen, die schon hier sind, jahrzehntelang hart gearbeitet haben?«, fragte er. »Sekretärinnen, Bauarbeiter, Mütter, die im Alter nur noch wenig Geld zur Verfügung haben, Frisörinnen, die keine Wohnung finden, weil ihr Gehalt dafür nicht ausreicht, verstehen nicht, warum das soziale Netz auch für jene da sein soll, die für seine Finanzierung keinen Beitrag geleistet haben.«[29]

Schließlich bediente er sich kaum verhüllt der Argumente des kulturellen Rassismus, um seine Hetze gegen Flüchtlinge zu begründen. »Die Integration von mehreren Millionen Menschen in nur kurzer Zeit unterbricht den Überlieferungszusammenhang, in dem wir stehen und der einer Gesellschaft Halt gibt und Konsistenz verleiht.«[30]

Ein rechtsradikales Netzwerk

Baberowski beschränkte sich nicht darauf, die ideologische Grundlage für die extreme Rechte zu legen, er ist auch ein Organisator der Bewegung. Wie *Die Zeit* berichtete, gründete er im Jahr 2015 ein rechtsradikales Netzwerk, einen »Rechten Salon«. In geschützter Atmosphäre vernetze Baberowski dort »Konservative und radikale Rechte«. Die Treffen des Netzwerks fänden mindestens zweimal im Jahr statt und zählten mindestens 30 Teilnehmer, oft aber auch deutlich mehr, so *Die Zeit*.[31]

Der Artikel nennt eine ganze Reihe von Mitgliedern des rechten Netzwerks, die an den Treffen teilgenommen haben, darunter der Herausgeber der rechtsradikalen Postille *Tumult*, Frank Böckelmann, der sich laut *Zeit* gegen die Gefahr einer »muslimischen Mehrheitsbevölkerung« zur Wehr setzen will.

Dabei sind auch Vertreter der AfD, etwa Michael Klonovsky, der persönliche Referent von AfD-Fraktionschef Alexander Gauland. Dieser war schon zuvor Berater der ehemaligen AfD-Vorsitzenden Frauke Petry gewesen und hatte sich in der *taz* als »Spin Doctor« der AfD bezeichnet. »Ich stelle ihr [Petry] und der AfD gewissermaßen meinen Kopf zur Verfügung«, sagte er.[32]

Auch der Herausgeber der rechtsradikalen Zeitschrift *Junge Freiheit*, Dieter Stein, gehört der *Zeit* zufolge zu Baberowskis Salon. Ebenso Karlheinz Weißmann, der im Jahr 2000 zusammen mit Götz Kubitschek das rechtsextreme Institut für Staatspolitik gründete und bis ins Jahr 2014 Mitherausgeber der Zeitschrift *Sezession* war. Heute gibt er unter anderem das rechtsradikale Periodikum *Cato* heraus.

Cora Stephan, Mitautorin des bereits genannten *Welt*-Artikels, der offensive Kriegsziele des deutschen Kaiserreichs abstreitet, gehört ebenso dazu wie der SPD-Politiker Thilo Sarrazin, der mit seinen rassistischen und eugenischen Auswürfen den Damm für andere Rechtsextremisten gebrochen hatte. Ferner gehören zu dem Kreis Matthias Matussek, der seine Freude über die Terroranschläge von Paris ausgedrückt hatte, weil sie auch hier »Debatten über offene Grenzen und eine Viertelmillion unregistrierter junger islamischer Männer im Lande in eine ganz neue frische Richtung bewegen« würden, sowie Vera Lengsfeld, Rüdiger Safranski und Eberhard Sens.

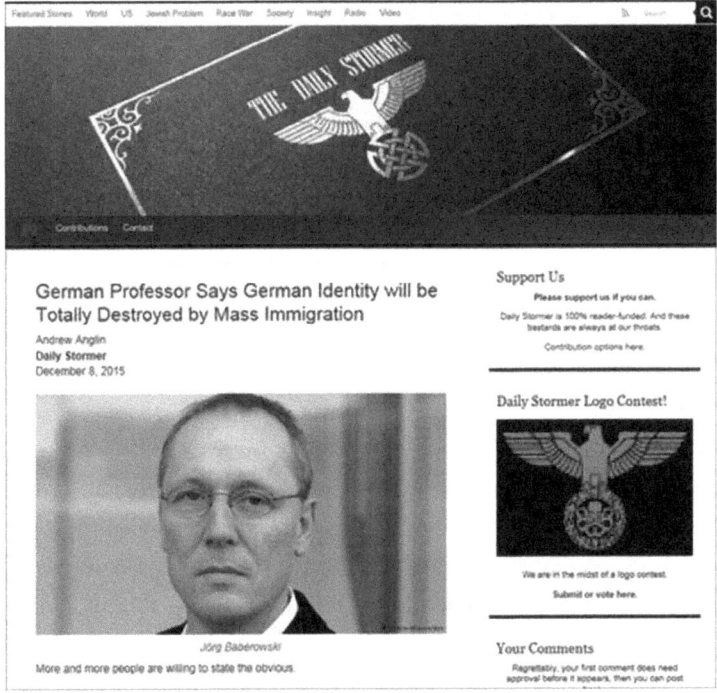

Amerikanische Nazi-Website »The Daily Stormer« huldigt Baberowski

Zentrales Anliegen des Kreises war es, rechtsextreme Standpunkte wieder salonfähig zu machen. Mitglieder des Netzwerks oder enge Freunde lancierten immer wieder provokative Texte, die dann von den übrigen Mitgliedern aufgegriffen und verteidigt wurden. Die meisten der genannten rechtsradikalen Zeitungen verteidigten Baberowski wiederholt und vehement gegen seine Kritiker. Allein Lengsfeld, Klonovsky, Stein und Weißmann haben in den letzten drei Jahren Artikel zur Verteidigung des braunen Professors verfasst. Dazu gesellen sich auch die NPD-Zeitung *Deutsche Stimme*, die sich mehrfach für Baberowski eingesetzt hat, und die rechtsextremistische *National-Zeitung*. Auch internationale Neonazi-Strukturen huldigten Baberowski. So erschienen auf der Seite *Breitbart News* und im nationalsozialistischen *Daily Stormer* Artikel, die sich positiv über Baberowskis Flüchtlingshetze äußerten.

Am 15. März 2018 trat das Netzwerk erstmalig an die Öffentlichkeit. Initiiert von Lengsfeld lancierten Vertreter des Salons zusammen mit weiteren Rechtsintellektuellen wie Uwe Tellkamp und Eva Hermann die »Erklärung 2018«. Diese Erklärung, die nur aus zwei Sätzen besteht, ist eine Solidaritätsbekundung für Pegida und die ausländerfeindliche Rechte. Sie wendet sich gegen »illegale Masseneinwanderung« und solidarisiert sich mit Demonstrationen, die dafür eintreten, »dass die rechtsstaatliche Ordnung an den Grenzen unseres Landes wiederhergestellt wird«. Über dem Text prangt ein Bild des sogenannten »Frauenmarsches«, der im Februar durch Berlin zog und von der AfD-Politikerin Leyla Bilge angemeldet worden war.[33] Auf dem Marsch fanden sich wenige Frauen und dafür umso mehr kahlköpfige junge Männer, die Deutschlandfahnen trugen und ausländerfeindliche Parolen brüllten.

Die »Erklärung« verfolgte das Ziel, islamfeindliche und rechtsradikale Standpunkte in die breite Öffentlichkeit zu tragen. Sie wurde sofort von etlichen Medien aufgegriffen, um eine rechte Kampagne zu schüren. In der gleichen Ausgabe der *Zeit*, die über den Rechten Salon berichtete, beklagte etwa Ulrich Greiner, der seit 38 Jahren für die *Zeit* schreibt, dass »in der Medienöffentlichkeit noch immer eine Grundsympathie für alles Linke« herrsche, »während das Rechte, das gerne auch populistisch oder reaktionär genannt wird, sofort Abwehrreflexe auslöst«.[34]

Gegen kritische Stimmen gingen die Mitglieder des Salons und insbesondere Baberowski mit enormer Aggressivität vor. Als 200 Akademiker ihre Zusammenarbeit mit dem wissenschaftlichen LIT-Verlag aufkündigten, weil dessen Leiter Wilhelm Hopf die »Erklärung« unterschrieben hatte,[35] ging Baberowski die Unterzeichner heftig an. Unter ihnen befanden sich auch vier Professoren und drei weitere Mitarbeiter der Humboldt-Universität, die Baberowski in den sozialen Medien verunglimpfte.

In zwei Texten, die er unter anderem auf seiner Facebook-Seite veröffentlichte, beleidigte er die Kollegen als »Denunzianten« und »satte Professoren, die in ihrem ganzen Leben noch niemals ein Widerwort gegeben haben.« Ihre Abwendung vom LIT-Verlag verglich er mit dem Boykottaufruf der Nazis gegen jüdische Geschäfte. Ihr offener Brief sei eine »Hetzkampagne«, die ihn »an finstere Zeiten« erinnere. »Kauft nicht beim Ausgestoßenen!«, so Baberowski.[36]

Das ist an Demagogie kaum zu überbieten. Kollegen, die sich der Hetze gegen Flüchtlinge und dem Aufkommen des Rechtsextremismus entgegenstellen, werden mit dem faschistischen Terror in Zusammenhang gebracht. Und dies von einem Professor, der für die Verharmlosung der Nazi-Verbrechen und die Relativierung des Holocaust bekannt ist.

Baberowski beließ es nicht dabei, seine kritischen Kollegen zu denunzieren, er drohte ihnen auch unverhohlen. Am Ende seiner Tirade gegen die Unterzeichner des offenen Briefs erklärte er: »Die Gedemütigten und Ausgeschlossenen werden sich daran erinnern, wer sie an den Pranger gestellt hat.«[37] Aus dem Munde des Gründers eines rechtsradikalen Gesprächskreises muss das als ernste Drohung verstanden werden.

Es ist nicht das erste Mal, dass Baberowski Kritiker massiv beleidigt und bedroht. Im März warf er dem *Tagesspiegel* vor, er diskreditiere »Andersdenkende auf eine Weise, die man nur aus Diktaturen kennt«,[38] weil sich die Berliner Tageszeitung kritisch über die »Erklärung 2018« geäußert hatte. Schon im Februar letzten Jahres hatte er Studierende seines eigenen Instituts bedroht und beschimpft, weil sie ein kritisches Flugblatt verteilt hatten. Baberowski nannte den Abgeordneten der IYSSE im Studierendenparlament, Sven Wurm, einen »rotlackierten Faschisten« und »widerwärtigen Denunzianten« und fotografierte ihn gegen seinen Willen. In seiner Vorlesung rief er dann Studierende auf, gegen seine Kritiker vorzugehen. »Sie können auch Nein sagen. Jeder kann irgendetwas tun ...«, sagte er und las Ort und Termin der nächsten IYSSE-Veranstaltung vor.

Rückendeckung von der Universitätsleitung

Die IYSSE hatten schon im Februar 2014 nach dem Service-Kolloquium festgestellt, dass Baberowskis Vorgehen Teil einer breiteren Initiative ist, die Humboldt-Universität in einen rechten Thinktank zu transformieren. »Baberowskis Angriff auf elementare demokratische Rechte und akademische Freiheiten dient Interessen, die die Humboldt-Universität in ein Zentrum für rechte und militaristische Propaganda verwandeln möchten«, schrieben sie in einem offenen Brief an die Universitätsleitung. »Es entspricht nicht den Wünschen der Studierenden, dass die Humboldt-Universität in eine Art ›Hoover Institution an der Spree‹ verwandelt wird. Sie möchten, dass die Humboldt-Universität ein Ort der Wissenschaft und des akademischen Diskurses bleibt.«[39] In den folgenden Jahren sollte sich bestätigen, dass die Universitätsleitung solche Pläne verfolgte und dass die Studierenden sie ablehnten.

Baberowski konnte sich bei seiner rechtsextremistischen Propaganda, seinen Beleidigungen, Einschüchterungen und Bedrohungen gegen Studierende und Kollegen immer auf die Rückendeckung der Universitätsleitung verlassen. Schon im Jahr 2014 versuchte die Unileitung, Veranstaltungen der IYSSE zu zensieren. Man sei zwar bereit, der Hochschulgruppe Räume zu geben, verbiete ihr aber Kritik an Professoren. In einem Schreiben vom 7. Oktober hieß es:

> Diese Genehmigung ist allerdings an die Bedingung geknüpft, dass im Vorfeld, während und nach der Veranstaltung nicht erneut Mitglieder der Universität geschmäht bzw. auf Flyern, Plakaten, im Internet oder sonst irgendwie als Militaristen und Kriegstreiber beschimpft werden, wie es Mitte Juli bei einer IYSSE-Veranstaltung der Fall war.[40]

Die IYSSE lehnten diese Bedingungen in einem offenen Brief an den Universitätspräsidenten Jan-Hendrik Olbertz ab und organisierten eine umfassende Kampagne zur Verteidigung demokratischer Rechte. »Wir erachten es als Studierendengruppe an der Humboldt-Universität nicht nur als unser Recht, sondern als unsere Pflicht, solchen Anschauungen entgegenzutreten und sie zu verurteilen«, hieß es in dem Brief weiter. »Das widerspricht nicht den ›akademischen Grundregeln einer Universität, die Kontroversen ausschließlich wissenschaftlich austrägt‹, wie es in Ihrem Schreiben heißt, sondern sollte deren Wesenskern bil-

Die Veranstaltung der IYSSE im Oktober 2014 an der Humboldt-Universität

den.«[41] Die IYSSE konnten sich schließlich durchsetzen und die Veranstaltung ohne Auflagen durchführen.

Doch schon im April veröffentlichte Olbertz eine offizielle Erklärung, in der er sich uneingeschränkt mit dem rechtsradikalen Professor Baberowski solidarisierte sowie IYSSE und SGP »übelste Diffamierungen«, »mutwillig aus dem Zusammenhang gerissene Zitate« und »Schmähungen, die jeglicher Grundlage entbehren und völlig inakzeptabel« seien, vorwarf. Er verwahre sich »auf das Schärfste gegen den Versuch, die Integrität Jörg Baberowskis in Frage zu stellen und einen der angesehensten Geisteswissenschaftler der Humboldt-Universität wissenschaftlich und persönlich zu diskreditieren«.[42]

Olbertz versuchte gezielt, die wachsende Opposition gegen die Umwandlung der HU in einen rechten Thinktank zu unterdrücken. Das zeigte sich etwa, als er im Mai und Juni 2016 zusammen mit dem Auswärtigen Amt die »Berliner Korrespondenzen« organisierte. Auf der ersten Sitzung gab der damalige

Außenminister Frank-Walter Steinmeier den Sinn der Reihe unter anderem damit an, Deutschland im »Ringen um Vorherrschaft, das Kräftemessen zwischen alten und neuen Mächten« zu verorten.[43] Auf der zweiten Veranstaltung wollte Herfried Münkler den Begriff »Ordnung« für »die jüngsten politischen Herausforderungen einer [...] aus den Fugen geratenen Welt fruchtbar machen«.[44] Eine dritte Veranstaltung der Reihe, die mit Baberowski geplant war, wurde ohne Begründung abgesagt.

Kurz zuvor war Olbertz durch Sabine Kunst abgelöst worden, die das Amt der Universitätspräsidentin am 11. Mai 2016 übernahm. Kunst trieb den Rechtskurs Olbertz' noch rascher voran. Sie hatte sich schon an der Universität Potsdam einen Namen gemacht, wo sie in ihrer Zeit als Präsidentin von 2007 bis 2011 eine enge Kooperation mit der Bundeswehr und der Rüstungsindustrie etablierte.

Bereits im Jahr von Kunsts Amtsantritt an der Uni Potsdam wurde der Studiengang »Military Studies« in Kooperation mit dem damaligen Militärgeschichtlichen Forschungsamt (MGFA) und dem Sozialwissenschaftlichen Institut der Bundeswehr (SOWI) eingeführt, der später zum Studiengang »War and Conflict Studies« wurde.[45] Im Jahr 2009 gründete Kunst dann in Zusammenarbeit mit der brandenburgischen Landesregierung das Brandenburgische Institut für Gesellschaft und Sicherheit (BIGS), ohne die Organe der Universität vorher darüber informiert zu haben. Dieses Institut gehört mehrheitlich zur UP-Transfer GmbH, einem An-Institut der Universität Potsdam. Alle weiteren Gesellschafter gehören zur Rüstungsindustrie. Der Rüstungskonzern Airbus hält, neben der IABG (einem Analyse- und Testdienstleisterunternehmen des Verteidigungsministeriums) und Rolls Royce (dem zweitgrößten Triebwerkproduzenten für

Präsidentin der Humboldt-Universität Sabine Kunst, by: Axel Hindemith, CC-by-sa-3.0

militärische Nutzungen weltweit), mit 25 Prozent den größten Anteil und hat damit in sämtlichen Fragen ein Vetorecht.[46]

Mit dieser militaristischen Bildungspolitik qualifizierte sich Kunst für das Amt der Wissenschaftsministerin in Brandenburg, das sie am 23. Februar 2011 in der rot-roten Regierung von Mathias Platzeck antrat. Als Ministerin setzte sie nicht nur massive Kürzungen im Bildungsbereich durch, sondern ernannte im Jahr 2015 auch Sönke Neitzel zum neuen Professor des Bundeswehr-Studiengangs »War and Conflict studies«. Neitzel ist ein enger Vertrauter Baberowskis, trat mit ihm auf zahlreichen Podien auf und betreibt selbst Geschichtsfälschung, etwa mit dem bereits zitierten Artikel zum Ersten Weltkrieg.[47]

Aufgrund dieser eindeutigen Bilanz wurde Kunst zur Präsidentin der Humboldt-Universität ernannt. Bereits im ersten Jahr ihrer Amtszeit veröffentlichte sie eine Stellungnahme, in der sie Studierende, die Baberowski kritisieren, attackiert. Sie wirft ihnen vor, sie hätten den Professor »verfälschend und sinnentstellend bzw. auf diesen Verfälschungen aufbauend wiedergegeben« und damit in seinen Persönlichkeitsrechten verletzt. Sie stellte diese Behauptung auf, nachdem das Oberlandesgericht

Köln das Gegenteil festgestellt und eine Klage Baberowskis abgewiesen hatte (siehe Abschnitt »Die Selbstgleichschaltung der Medien«, S. 83). Baberowski sei ein »hervorragender Wissenschaftler, dessen Integrität außer Zweifel steht«, seine wissenschaftlichen Äußerungen seien »nicht rechtsradikal«, schrieb Kunst. Schließlich brachte sie die kritischen Studierenden ohne jeden Beleg mit »Gewalt und Extremismus« in Verbindung, drohte ihnen mit einem strafrechtlichen Vorgehen und erklärte »mediale Angriffe« auf Baberowski für »inakzeptabel«.[48]

Kurz nach Veröffentlichung dieser Stellungnahme stoppte der Sicherheitsdienst der Universität IYSSE-Abgeordnete des Studierendenparlaments beim Verteilen von Flugblättern. Sie hatten einen Text verteilt, der die Stellungnahme des Präsidiums als Angriff auf die Meinungsfreiheit und Teil einer rechten politischen Offensive verurteilte und anhand zahlreicher Äußerungen nachwies, dass Baberowski ein rechter Ideologe ist.

Die Sicherheitsleute drohten mit Strafanzeige und begründeten ihr Vorgehen damit, dass die Unileitung schlicht nicht mehr wolle, dass die IYSSE ihre Flugblätter auf dem Gelände der Universität verteilten. Auf Nachfrage verteidigte eine Vertreterin der Abteilung Öffentlichkeitsarbeit die Intervention des Sicherheitsdiensts mit den Worten: »Da haben sie ganz Recht. Es sollen gar keine politischen Aktivitäten hier stattfinden.« Der Eingang einer offiziellen Beschwerde bei der Universitätsleitung wurde zwar bestätigt, sie blieb aber unbeantwortet. Ob die Sicherheitsmitarbeiter im Auftrag der Universitätsleitung, auf Geheiß Baberowskis oder auf eigene Verantwortung handelten, ist bis heute unklar.

Doch Kunst ließ keinen Zweifel daran, wie sie zu den Vorgängen steht. In einem Interview mit der *Süddeutschen Zeitung* vom

18. April 2017 stellte sie sich erneut hinter den braunen Professor und warf den IYSSE, ohne sie beim Namen zu nennen, eine Diffamierungskampagne vor. Es würden »Anschuldigungen verbreitet, ohne dass man diese auf Argumente zurückführen kann«, es würden »Kampagnen organisiert, die nichts mehr mit der Auseinandersetzung im Universitären zu tun haben«, es gebe »keine Möglichkeit, sich mit den Mitteln der wissenschaftlichen Auseinandersetzung zu wehren«, behauptete sie und erklärte, dass die Kritik keine Diskussion zulasse.[49]

Die IYSSE wiesen diese absurden Behauptungen in einem offenen Brief zurück. »Was Sie fälschlicherweise als Verteidigung der ›akademischen Debatte‹ ausgeben, ist eine moderne Form der Gleichschaltung«, hieß es darin. »Sie wollen bestimmen, was an der Universität gesagt werden darf und was nicht, und welche Regeln gelten sollen. Vor der Meinung und den demokratischen Rechten der Studierenden haben Sie dabei keinen Respekt.«[50]

Die internationale Redaktion der *World Socialist Web Site* schrieb in einer Erklärung zur Rolle der Universitätsleitung:

[Kunst] verteidigt den rechtsradikalen Professor nicht im Interesse des »freien und unabhängigen wissenschaftlichen Austausches«, sondern aus politischen Gründen [...] Das offizielle Zusammenrücken von HU-Präsidium und Baberowski, um Kritik an rechtsradikalen Standpunkten zu unterdrücken, kann nur mit dem scharfen Rechtsruck in den herrschenden Kreisen erklärt werden. Innenpolitisch passen sich die SPD und Teile der Linkspartei an die Flüchtlingshetze an oder nehmen sogar selbst daran teil. Baberowski wird als Verbündeter für diese reaktionäre Orientierung betrachtet.[51]

Proteste von Studierenden

Während sich die Universitätsleitung hinter den braunen Professor stellte, erhielten die IYSSE in ihrem Kampf gegen Geschichtsrevisionismus und rechtsradikale Ideologie breite Unterstützung unter Studierenden. Schon im Juni 2015 nahm das Studierendenparlament mit großer Mehrheit einen von den IYSSE initiierten Antrag an, der die Professoren Münkler und Baberowski kritisierte und Studierende aufrief, »sich politisch zu äußern, Herrschaft zu hinterfragen und vor allem in Bezug auf die Lehrinhalte an einer Universität Tendenzen der Verharmlosung der menschenverachtenden deutschen Geschichte entgegenzutreten«.[52]

Am 27. April 2017 verabschiedete das Parlament erneut fast einstimmig einen von den IYSSE angestoßenen Antrag, der Sabine Kunst direkt aufforderte, »von ihren Solidaritätsbekundungen mit Professor Baberowski öffentlich wieder abzurücken«. Die Studierendenvertreter forderten die Universitätsleitung auf, »rechte und geflüchtetenfeindliche Positionen klar zu verurteilen. In eklatantem Widerspruch zu ihrer vermeintlichen Refugees-Welcome-Politik versteckt sie sich hinter Wissenschaftsfreiheit und toleriert damit rechte Stimmungsmache.«[53]

Davor hatte schon die Fachschaftsräte- und -initiativenversammlung (FRIV), in der alle Studierendenvertretungen der Fachbereiche der HU zusammenkommen, eine scharfe Kritik an Baberowski veröffentlicht. In einer einstimmig beschlossenen Erklärung hieß es:

Professor Jörg Baberowski, Inhaber des Lehrstuhls für osteuropäische Geschichte, hetzt öffentlich gegen Geflüchtete und relativiert in seiner Forschung nationalsozialistische Ver-

brechen. Durch die Darstellung der Mehrheit der »Einwanderer« als »Belastung« für den Sozialstaat schürt er diffuse
Angstgefühle und nutzt Geflüchtete als Sündenbock für
gesellschaftliche Probleme. Er wird einerseits nicht müde, vielen Geflüchteten »Aggressivität« zu unterstellen, während er
andererseits Gewalt gegen Geflüchtete und Flüchtlingsheime
herunterspielt. In seinen wissenschaftlichen Publikationen
verharmlost er NS-Kriegsverbrechen in der Sowjetunion als
alternativlose Reaktion auf die Kriegsführung der Roten
Armee und der Partisanen. Diese provokativen Positionen
sind höchst gefährlich, gerade wenn sie unter einem pseudo-
wissenschaftlichen Deckmantel verbreitet werden.[54]

Auch die Studierendenvertretungen anderer Universitäten wandten sich gegen Baberowski und seine Unterstützer in Medien und
Hochschulen. Der AStA der Technischen Universität Berlin, der
die 35 000 Studierenden der Hochschule vertritt, kritisierte, dass
»der rechtsradikale Talkshow-Professor seit Jahren von großen
Medien, anderen Professoren und akademischen Institutionen
unterstützt« werde. Der AStA stellte zusammen mit den IYSSE
und dem AStA der Universität Bremen in einer Einladung fest:
»Mit der Rückkehr des deutschen Militarismus und der wachsenden sozialen Ungleichheit findet in Teilen des akademischen
Establishments ein scharfer Rechtsruck statt. Eine zentrale Figur
dabei ist Jörg Baberowski, der gegen Flüchtlinge hetzt, für brutale
Kriege trommelt und die Nazi-Verbrechen verharmlost.«[55]
    Der Bremer AStA hatte schon im Oktober 2016 in einem
Flugblatt gegen eine geplante Veranstaltung des RCDS mit Baberowski an seiner Universität protestiert. Darin hieß es unter
anderem:

Baberowski, umstrittener Dozent der Humboldt-Universität zu Berlin, rechtfertigte in der jüngeren Vergangenheit wiederholt gewalttätige Ausschreitungen gegen Geflüchtete und Anschläge auf deren Unterkünfte, bedient sich nationalistischen Vokabulars und vertritt rechtsradikale Positionen im politischen Streit um migrationspolitische Fragen. Wir protestieren dagegen, dass einem Mann, der Menschen mit blankem Hass begegnet, finanziert von uns allen, die Möglichkeit geboten wird, auf einem Campus aufzutreten, der vorgeblich Offenheit ausstrahlen will.[56]

Eine ähnliche Stellungnahme gab es vom AStA der Universität Hamburg. Auch das Studierendenparlament der Freien Universität Berlin, der AStA der Universität Lüneburg, der AStA der PH Heidelberg und viele weitere Studierendenvertretungen bezogen in dieser Weise Stellung. Am 4. März 2018 veröffentlichte schließlich auch der Freie Zusammenschluss von StudentInnenschaften (fzs), der fast 80 Asten in ganz Deutschland vertritt, eine Erklärung, in der er mahnte, dass »Wissenschaftler*innen, wie Münkler, Rauscher, Baberowski oder Kutschera ihre und andere kritisch anzusehenden Positionen weder in der Lehre noch durch ihre gesellschaftliche Autorität ohne Reflexion im öffentlichen Diskurs äußern dürfen«. Vielmehr müssten Gegenpositionen formuliert werden.[57]

Die massive Opposition von Studierenden gegen den Rechtsruck manifestierte sich auch ganz direkt in der wachsenden Unterstützung für die IYSSE. In den letzten Jahren konnte sie bei den Wahlen zum Studierendenparlament der Humboldt-Universität bis zu sieben Prozent der Stimmen und damit mehr als die meisten Studierendenorganisationen der großen

Parteien erzielen und mit bis zu vier Mandaten ins Parlament
einziehen.

Sabine Kunst reagierte auf die überwältigende Kritik von Studierenden, indem sie enger mit den Rechtsextremisten zusam-
menrückte und in autoritärer Manier gegen die demokratischen
Grundrechte der Verfassten Studierendenschaft vorging. Im
Januar forderte der AfD-Abgeordnete Martin Trefzer in einer
kleinen Anfrage an den Berliner Senat unter anderem die Herausgabe der Listen sämtlicher Berliner Studierendenvertreter
der letzten zehn Jahre. Solche Listen würden rechtsextremen
Kreisen dazu dienen, kritische Studierende einzuschüchtern und
zu attackieren. In seiner Pressemitteilung »HU-Leitung und
AfD – gemeinsam gegen die Studierendenschaft« warnt der Ref-
Rat: »Wir sind denjenigen sehr wohl namentlich bekannt, die es
etwas angeht – den Studierenden der HU. Wir wollen jedoch
nicht namentlich bekannt sein bei denjenigen, deren politische
Feind_innen wir sind und die uns verunglimpfen wollen.«[58]

Während die Präsidenten der FU und TU dieses Begehren mit
dem Hinweis auf den Datenschutz zurückwiesen, machte Kunst
gemeinsame Sache mit der AfD und forderte vom RefRat die
Herausgabe der Daten. Nachdem sich das Studierendenparlament dagegen ausgesprochen hatte, die Namenslisten zu veröffentlichen, reichte Kunst im Juli 2018 Klage gegen die Verfasste
Studierendenschaft ein. Als der RefRat anbot, ihr die Daten zum
Zwecke der Rechtsaufsicht zu übermitteln, wenn sie diese nicht
weiterreiche, lehnte Kunst das explizit ab und bestand darauf, sie
»hochschulintern« zu veröffentlichen. In diesem Fall würden
»sie automatisch an die AfD« gehen, wie der RefRat richtig
schrieb. »Denn die HU beschäftigt AfD-Mitglieder und Personen der sogenannten Neuen Rechten als Lehrende, genannt

seien an dieser Stelle Markus Egg und Jörg Baberowski sowie bis
zum letzten Semester Gottfried Curio, der inzwischen für die
AfD im Bundestag sitzt.«[59]

Kunst beließ es nicht dabei, die eigene Studierendenschaft zu
verklagen, sondern ging gegen sämtliche Organe der studentischen Selbstverwaltung und Mitbestimmung vor. So kündigte sie
an, die Satzung der Verfassten Studierendenschaft zwangsweise
ändern zu lassen und jeden Beschluss des Studierendenparlaments prüfen zu wollen. Ferner »plant die Universitätsleitung
zukünftig von studentischen Initiativen, Beratungen und Kin-
derladen Miete für ihre Räume zu verlangen. Auch die Recht-
mäßigkeit von Fachschaftsinitiativen wird angezweifelt und es
wird ferner behauptet, diese hätten keinen Anspruch auf Räumlichkeiten in der Universität«, erklärte der RefRat in einer Pressemitteilung.[60] Kunst greift also genau die studentischen Gremien
an, die sich in der Vergangenheit gegen die rechte Verschwörung
an ihrer Universität ausgesprochen haben. Sie kann sich dabei
ihrerseits auf die Unterstützung der rot-rot-grünen Landesregierung verlassen.

Wie die AfD aufgebaut wurde

Wie wir in den weiteren Kapiteln zeigen werden, spielten die Ereignisse an der Humboldt-Universität bei der Rechtsentwicklung in Deutschland eine zentrale Rolle. Hier wurde deutlich, was die gesamte politische Situation kennzeichnet: Die Wiederbelebung rechtsradikaler Standpunkte beschränkt sich nicht auf einzelne Individuen, sondern wird von erheblichen Teilen der herrschenden Eliten getragen. So, wie Baberowski von der SPD-Politikerin Kunst gedeckt wurde, entwickelten sich auch Pegida, die AfD und andere rechtsextreme Zusammenschlüsse dank der Unterstützung, die sie von der Politik, dem Staatsapparat und den Medien erhielten. An der HU wurde dieser Zusammenhang deutlich erkennbar, weil sich die IYSSE in ihrem Kampf gegen die rechte Ideologie nicht einschüchtern ließen. Gleichzeitig zeigte die breite Unterstützung, die die IYSSE erhielten, dass zwischen dem Rechtskurs der politischen Eliten und der Stimmung breiter Teile der Bevölkerung ein scharfer Gegensatz besteht.

Thilo Sarrazin

Der Kenner der rechten Szene Volker Weiß schreibt in seinem Buch »Die autoritäre Revolte«, dass die »Neue Rechte« zwar schon lange die Strukturen für einen Rechtsruck geschaffen hatte, aber erst in dem Moment Bedeutung gewinnen konnte, als das »Bürgertum in nennenswerter Zahl politisch die Contenance

verlor«. Er macht die Veröffentlichung von Thilo Sarrazins Buch
»Deutschland schafft sich ab« als zentralen Schub für die »latente
bürgerliche Krisenstimmung« aus. »Themen und Begriffe, die
bislang in der äußersten Rechten zirkulierten, erreichten die
ganze Gesellschaft.«[1] Peter Schwarz hatte schon zwei Wochen
nach Veröffentlichung des Buchs im August 2010 festgestellt,
dass es einer Kampagne diene, die »lange verpönten rassistischen Vorurteilen wieder zum Durchbruch verhelfen und einer
neuen Rechtspartei den Boden bereiten« solle.[2]

Tatsächlich wurde das Buch von den Feuilletons und Talkshows schon zum Bestseller hochgelobt, bevor das erste Exem-
plar überhaupt die Buchhandlungen erreicht hatte. Und das,
obwohl Sarrazin ganz offen rassistische und eugenische Positionen vertrat, die er mit gefälschten Statistiken und pseudobiolo-
gischen Argumenten rechtfertigte. So behauptet er nicht nur,
dass Intelligenz erblich bedingt sei, sondern auch, dass sie sich
zwischen Ethnien unterscheide, also einige »Rassen« intelligen-
ter seien als andere. Deutschland werde dümmer, weil sich Migranten rascher vermehrten als die angeblich intelligenteren Ein-
heimischen, lautet eine zentrale rassistische These des Buches.
Dem will Sarrazin in der Tradition der Eugenik entgegentreten.
Zudem führt Sarrazin Gewalt und Kriminalität auf den muslimischen Glauben von Jugendlichen zurück.

Das ist besonders ekelerregend, weil der SPD-Politiker Sarrazin von 2002 bis 2009 als Finanzsenator der rot-roten Berliner
Landesregierung für die härtesten Sozialkürzungen seit dem
Ende des Zweiten Weltkriegs gesorgt und die Elendsbezirke
Berlins noch tiefer in die Armut getrieben hatte. Die daraus
resultierende Kriminalität schob er nun in Nazi-Manier auf reli-
giöse Minderheiten. Sarrazin, der auch prominentes Mitglied

von Baberowskis »Rechtem Salon« ist, hatte sich schon in seiner Amtszeit abfällig über Hartz-IV-Empfänger geäußert und sich über sie lustig gemacht. Er wurde dabei von seiner Partei und ihrem Koalitionspartner, der Linkspartei, unterstützt. Auch seine rassistischen Tiraden fanden in beiden Parteien Anklang.

Nach Veröffentlichung seines Buchs wurde er ausdrücklich von einer ganzen Reihe Sozialdemokraten unterstützt. Der ehemalige Hamburger Bürgermeister Klaus von Dohnanyi verteidigte ihn offen. Unterstützung erhielt er außerdem vom ehemaligen Finanzminister und späteren SPD-Kanzlerkandidaten Peer Steinbrück, dem ehemaligen Verteidigungsminister Peter Struck sowie dem damaligen Bürgermeister von Berlin-Neukölln, Heinz Buschkowsky.

Und auch jene, die sich kritisch über Sarrazins Buch äußerten, stiegen in die ausländerfeindliche Debatte ein. So erklärte der damalige SPD-Vorsitzende Sigmar Gabriel im September 2010 in einem *Spiegel*-Interview: »Wer auf Dauer alle Integrationsangebote ablehnt, der kann ebenso wenig in Deutschland bleiben wie vom Ausland bezahlte Hassprediger in Moscheen. Und wo es Kriminalitätsbrennpunkte gibt, egal ob deutsche oder ausländische, da brauchen wir zur Not auch deutlich mehr polizeiliche Präsenz vor Ort.« Nachdem Gabriel und seine Partei mit der Agenda 2010 eine soziale Katastrophe angerichtet hatten, schob der SPD-Vorsitzende die Schuld für die Armut ebenso wie Sarrazin den Armen selbst zu.[3]

Obwohl der UN-Ausschuss für die Beseitigung der Rassendiskriminierung (CERD) und die Europäische Kommission gegen Rassismus und Intoleranz (ECRI) ein strafrechtliches Vorgehen gegen Sarrazins Rassismus anmahnten, wurde ein Parteiausschlussverfahren gegen ihn eingestellt, sodass der Eugeniker

und Rassist nach wie vor SPD-Mitglied ist. Der ehemalige
Außenminister und heutige Bundespräsident Frank-Walter
Steinmeier zeigte sich in der *Bild*-Zeitung erfreut über diesen
Ausgang des Verfahrens.

Auch in der CDU erhielt Sarrazin große Unterstützung. Sein
Buch galt vielen als Startschuss für eine ausländerfeindliche
Kampagne. Als der damalige Bundespräsident Christian Wulff
bei seiner Festansprache zum Tag der Deutschen Einheit 2010
den Islam zu einem Teil Deutschlands erklärte, fielen etliche
Unionspolitiker über ihn her und Wulff verlor schließlich sein
Amt. Der damalige Bundesinnenminister Thomas de Maizière
(CDU) verwahrte sich dagegen, dass Wulff den Islam auf die gleiche Stufe stelle »wie das christlich-jüdische Religionsverständnis, Kulturverständnis«.[4] Der CSU-Bundestagsabgeordnete
Norbert Geis erklärte, »wir wollen das christliche Abendland,
dass dieses Abendland christlich weiter besteht«.[5] Und der Vorsitzende der CDU/CSU-Bundestagsfraktion Volker Kauder
(CDU) verkündete: »Das auf unserer christlich-jüdischen Tradition beruhende Grundgesetz kann durch nichts relativiert werden, schon gar nicht durch einen Islam, der die Scharia vertritt
und zur Unterdrückung der Frauen führt.«[6]

Ähnliche Positionen fanden sich nun auch massenhaft in vormals liberalen Medien. So titelte der *Spiegel* am 13. September
2010: »Das Staatsversagen – Warum Deutschland an der Integration scheiterte.« Als Begründung für das angebliche Scheitern
nannte die Zeitschrift ein jahrelanges Wegschauen des Staates
von der Unwilligkeit von Einwanderern, insbesondere aus der
Türkei, sich zu assimilieren. Der Tenor lautete, dass staatliche
Behörden viel härter und rigider mit Einwanderern umspringen
sollten anstatt sie gewissermaßen in Watte zu packen.

Pegida

Im Gegensatz zu dieser rechten Kampagne erlebte Deutschland in den 2010er Jahren eine bis dahin nicht gekannte Massenbewegung, die sich um die Menschen kümmerte, die vor Kriegen und Katastrophen nach Europa flohen. Während der Staat bewusst darauf setzte, Flüchtlinge durch unmenschliche Behandlung und Unterversorgung abzuschrecken, organisierten Millionen Menschen praktische Solidarität. Sie bauten unabhängige Versorgungsstrukturen auf, die Flüchtlinge mit Kleidung, Unterkunft und Essen versorgten, boten Unterricht, Sport und Integration an und kümmerten sich um die Kinderbetreuung.

Während diese nach Millionen zählende Massenbewegung bestenfalls auf ihrem Höhepunkt im Jahr 2015 etwas Beachtung in den Medien fand, wurde eine andere Kampagne systematisch ins Blickfeld gerückt und aufgebauscht. Schon als im Oktober und Anfang November 2014 wenige tausend Rechtsradikale aus dem ganzen Bundesgebiet unter dem Motto »Patriotische Europäer gegen die Islamisierung des Abendlandes« (Pegida) jeden Montag durch Dresden marschierten, gab es zahlreiche Berichte in überregionalen Zeitungen und Sendern, die den braunen Bodensatz, der da auf die Beine gebracht worden war, als »besorgte Bürger« verklärten und eine regelrechte Mobilisierungskampagne entfachten. Auf diese Weise konnte die Teilnehmerzahl für kurze Zeit in den sechsstelligen Bereich gepusht werden, sie fiel aber schon im Februar 2015 wieder rapide ab.

Unter den Demonstranten befanden sich nach eigenen Angaben »zahlreiche Funktionsträger und Mitglieder« der faschistischen Nationaldemokratischen Partei Deutschlands (NPD). Die Partei hatte massiv für die Märsche mobilisiert und ihre Anhänger zur Teilnahme aufgerufen. Auch die AfD war vertreten. Unter anderem reiste die Landtagsfraktion des Bundeslands Brandenburg mit ihrem Chef Alexander Gauland an. Dieser hatte die Demonstrationen schon vorher als legitimen Protest gegen eine verfehlte Asylpolitik bezeichnet. Als Pegida am 19. Oktober 2015 zum letzten Mal über zehntausend Teilnehmer verzeichnete, war einer der Hauptredner der deutsch-türkische Rechtsextremist Akif Pirinçci. Dieser bezeichnete Deutschland unter dem Beifall des Pegida-Pöbels als »Moslemmüllhalde«, der eine »Umvolkung« drohe.

Am Rande der Demonstration kam es zu zahlreichen Angriffen auf Migranten und linke Gegendemonstranten. Berichten der *Sächsischen Zeitung* zufolge bewaffnete sich eine große Gruppe Pegida-Anhänger mit Steinen und herumliegenden Materialien. Auf dem Weg zum Bahnhof machte sie Jagd auf zwei Männer. Einer der beiden, der aus Marokko nach Deutschland gekommen war, ging zu Boden. Zudem wurde ein Team von *Spiegel Online* angegriffen.

Das Bündnis »Dresden Nazifrei«, das eine Gegendemonstration organisierte, sprach nach den Zusammenstößen von einer Mitverantwortung der Polizei. »An mehreren Stellen konnten Pegida-Teilnehmer_innen ungehindert randalieren und Gegendemos angreifen. Mehrere Berichte deuten sogar darauf hin, dass mehrfach Polizist_innen kalkuliert Ketten für Hooligans von Pegida geöffnet haben«, hieß es in einer Stellungnahme.[7]

In den Medien wurde dieser braune Mob regelmäßig verklärt und unterstützt. Die Berichterstattung reichte von der Verharmlosung als »ungeordnetes Volksgrummeln« (*taz*) oder »widersprüchliches Phänomen« (*Süddeutsche Zeitung*) bis hin zu offener Unterstützung und Aufstachelung, wie sie etwa in der *Frankfurter Allgemeinen Zeitung* (F. A. Z.) zu finden war. Am 16. Dezember 2014 jubelte *F. A. Z.*-Mitherausgeber Berthold Kohler: »Früher hätten die Linken kurzerhand die Nazi-Keule herausgeholt und sie so lange geschwungen, bis auch die Union den Kopf eingezogen hätte wie eine Schildkröte«.[8] Kohler plädierte dafür, die Demonstranten ernst zu nehmen und »eine Einwanderungspolitik zu verfolgen, deren Regeln ... sich strikt an den Interessen des eigenen Landes orientieren« – eine andere Formulierung dafür, das Recht auf Asyl gänzlich abzuschaffen.

Ähnlich äußerten sich Vertreter der Bundesregierung. Der damalige Innenminister Thomas de Maizière (CDU) hatte schon vor Beginn der Demonstrationen Anfang Oktober Proteste gegen Flüchtlingsheime verteidigt und als »legitim« bezeichnet. Als die Demonstrationen in Dresden Fahrt aufnahmen, stellte er sich hinter die Teilnehmer und erklärte, man müsse deren Sorgen ernst nehmen.

Auch der damalige Vizekanzler und SPD-Vorsitzende Sigmar Gabriel forderte, man müsse auf Demonstranten zugehen, die verunsichert seien und mitliefen. Sein Parteikollege Roger Lewentz, der in Rheinland-Pfalz das Innenministerium leitete, wehrte sich dagegen, die Demonstranten als rechts oder ausländerfeindlich zu bezeichnen. »Wenn so viele Menschen dafür auf die Straße gehen, muss man als Politik diese Menschen auch ernst nehmen«, sagte der SPD-Politiker.[9]

Besonders die sächsische Landesregierung unterstützte die Demonstranten. Sachsens Ministerpräsident Stanislaw Tillich (CDU) hatte bereits im Dezember 2014 angekündigt, in einen Dialog mit den Pegida-Teilnehmern zu treten. Auch sein Innenminister Markus Ulbig (CDU) erklärte, es sei völlig falsch, die

Menschen zu stigmatisieren und alle in die rechte Ecke zu stellen. Die Landeszentrale für Politische Bildung stellte den Rechtsextremisten Räumlichkeiten zur Verfügung, wo sie ihre rassistische Hetze auf Pressekonferenzen unters Volk brachten.

Alternative für Deutschland

Mit solchen Initiativen wurde der Boden bereitet, auf dem die AfD gedeihen konnte. Und auch die Vertreter der AfD erhielten überproportionalen Raum in den Medien. Wie Pegida bekamen sie immer wieder die Möglichkeit, zur besten Sendezeit ihre faschistische Demagogie zu verbreiten. Im Oktober 2015 trat etwa der Sprecher der AfD in Thüringen, Björn Höcke, bei dem damaligen Talk-Flaggschiff der ARD, Günther Jauch, mit einer Deutschlandfahne auf, um nationalchauvinistische Mythen über ein tausendjähriges Deutschland wiederzubeleben. »3000 Jahre Europa! 1000 Jahre Deutschland«, skandierte er vor laufenden Kameras.

Als die AfD dann am 13. März 2016 bei den Landtagswahlen in Baden-Württemberg und Sachsen-Anhalt 15 und 24 Prozent der Stimmen erhielt, gab es in Politik und Medien kein Halten mehr. Dirk Kurbjuweit, der 2014 den Artikel zur Unterstützung von Baberowskis Geschichtslügen verfasst hatte, schrieb im Leitartikel des *Spiegel*: »Im Lichte der Wahlergebnisse muss die AfD neu betrachtet und der Umgang mit ihr überprüft werden.« Er erklärte die rechtsradikale Partei zur »Partei der Mitte« und hieß sie »herzlich willkommen«.[10]

Der CDU-Bundestagsabgeordnete Klaus-Peter Willsch stellte ebenfalls bereits 2014 künftige Koalitionen mit der AfD in Aussicht. Man müsse »nüchtern darauf blicken, mit wem wir die größten Schnittmengen haben: mit der SPD, mit den Grünen oder mit der AfD? Da sehe ich die größten Schnittmengen mit der AfD«, erklärte er *Spiegel Online.*[11] Der Unions-Fraktionsvize Georg Nüsslein (CSU) riet dazu, »die AfD nicht einfach in die rechtspopulistische Ecke [zu] drängen«[12].

Im Oktober 2016 gab die Fraktionschefin der Linkspartei Sahra Wagenknecht der *Frankfurter Allgemeinen Sonntagszeitung* ein gemeinsames Interview mit der damaligen AfD-Vorsitzenden Frauke Petry. Selbst die *F.A.S.* stellte fest, die beiden lägen »oft näher beieinander als gedacht«. Das Gespräch »nimmt rasch Fahrt auf, ähnelt stellenweise einer großen Koalition in der Opposition«, so das konservative Blatt. Wagenknecht argumentierte darin für geschlossene Grenzen und griff Merkel von rechts an.

In dem Maße, in dem die Medien die AfD auf den Schild hoben und die übrigen Parteien ihre rechte Hetze übernahmen, konnte die AfD selbst immer offener als rechtsextreme Kraft in Erscheinung treten. Gab sich die Partei bis zum Sommer 2015 unter dem Ökonomen Bernd Lucke noch als national-konservative und neoliberale Kraft, schlug sie mit der neuen Vorsitzenden Frauke Petry einen offen ausländerfeindlichen und rechtsradikalen Kurs ein. Schließlich übernahm der völkisch-nationalistische Flügel um Alexander Gauland und Björn Höcke die Partei. Gauland äußerte im Wahlkampf 2017 seinen Stolz auf die Taten von Hitlers Wehrmacht, Höcke bezeichnete das Holocaust-Mahnmal in Berlin als »Denkmal der Schande« und forderte eine »erinnerungspolitische Wende um 180 Grad«.

Die Empörung der übrigen Parteien über diese Erklärungen war reine Heuchelei. Das zeigte sich schon daran, dass sie alle die

Geschichtsfälschungen an der Humboldt-Universität unterstützten, die in die gleiche Richtung zielten. Tatsächlich verfolgte die AfD nur in besonders aggressiver Weise, was sich sämtliche Parteien zum Ziel gesetzt hatten. Die geplante Aufrüstung und die Unterdrückung der wachsenden Klassenspannungen lassen sich letztlich nur mit einem faschistischen Programm verwirklichen. Der Aufstieg der AfD ist das Ergebnis des Rechtsrucks sämtlicher Parteien im Bundestag.

Wie eng die AfD mit den übrigen Parteien verbunden ist, zeigt schon ein Blick auf ihr Personal. 21 ihrer 90 Abgeordneten sind ehemalige Mitglieder von CDU und CSU, elf waren früher in der FDP und fünf in der SPD. Mit Norbert Kleinwächter entstammt ein Abgeordneter auch der Wahlalternative Arbeit und soziale Gerechtigkeit (WASG), die 2007 in der Linkspartei aufging.

Vergleichsweise groß ist der Anteil von Polizisten und Soldaten in der AfD-Fraktion. Laut Recherchen von *Spiegel Online* haben 13 Prozent der AfD-Abgeordneten im Bundestag und den Länderparlamenten einen militärischen Hintergrund. Im Bundestag allein sind es sogar fast 20 Prozent. Dazu gehören: Rüdiger Lucassen, der die Bundeswehr nach 34 Dienstjahren als Oberst im Generalstab verließ; der Soldat René Springer, ein persönlicher Mitarbeiter Gaulands; der frühere Offizier Peter Felser, der zusammen mit dem rechtsextremen Verleger Götz Kubitschek ein Buch mit Reportagen über den Kriegseinsatz der Bundeswehr in Bosnien veröffentlicht hat; und der Bayer Gerald Otten, ein früherer Kampfpilot und Oberst der Reserve, der heute Eurofighter Sales Director bei Airbus ist. Auch die Landesvorsitzenden der AfD in Berlin und Rheinland-Pfalz sind ehemalige Offiziere: Georg Pazderski beendete seine 41-jährige Militärkarriere als Oberst im Generalstab, Uwe Junge eine 38-jährige Karriere als Oberstleutnant.

Nicht umsonst ist die AfD die aggressivste Vertreterin des deutschen Militarismus. In ihrem Programm heißt es: »Wir müssen die Stabilität von Staaten im Interesse unserer Sicherheit und nicht im Namen von Demokratie und Moral unterstützen.« Zu diesem Zweck tritt die AfD für eine massive militärische Aufrüstung ein. Sie fordert die »Rückkehr der Streitkräfte zur Einsatzbereitschaft« und die Wiedereinführung der Wehrpflicht. Dies soll durch den »Wiederaufbau von Heimatschutzkräften oder ein Milizsystem nach Schweizer Vorbild« erreicht werden. Bereits 2012 hatte Gauland den Deutschen im *Tagesspiegel* ihre »mangelnde Wertschätzung der Bundeswehr« und »ein gestörtes Verhältnis zur militärischen Gewalt« vorgeworfen. Sie müssten nach zwei verlorenen Weltkriegen endlich ihren »diffusen Ganzkörperpazifismus« ablegen und mit Bismarck wieder lernen, dass »die großen Fragen der Zeit… durch Eisen und Blut« entschieden werden.[13]

Nachdem eine gezielte Kampagne diesem braunen Bodensatz 2017 zum Einzug in den Bundestag verholfen hatte, dient ihre Anwesenheit den übrigen Parteien nun als Alibi für einen weiteren Rechtsruck. Auch wenn sie nur 12,6 Prozent der Stimmen bekam, ist die AfD offizielle Oppositionsführerin, leitet den mächtigen Haushaltsausschuss und gibt in der Regierungspolitik den Ton an.

Wie vier Jahre zuvor, als Joachim Gauck ein größeres militärisches Engagement angemahnt hatte, gab auch nach der letzten Wahl der Bundespräsident in seiner Rede zum Tag der Deutschen Einheit die Richtung vor. Mit Blick auf das Wahlergebnis

der AfD erklärte Frank-Walter Steinmeier am 3. Oktober 2017:
»Aus unseren Differenzen dürfen keine Feindschaften werden –
aus Unterschied nicht Unversöhnlichkeit.« Dieses Verständi-
gungsangebot an die AfD zog sich wie ein roter Faden durch die
gesamte Rede des Bundespräsidenten. Von der Bevölkerung
durch eine »Hochsicherheitszone« abgeschirmt, wie selbst die
F.A.Z. anmerkte, behauptete er in der Rheingoldhalle, »Flucht
und Migration« sei das Thema gewesen, »das unser Land in den
letzten zwei Jahren so bewegt hat wie kein anderes«. Die huma-
nitäre Unterstützung für Flüchtlinge durch Millionen Menschen
stellte Steinmeier dabei auf eine Stufe mit der AfD-Parole, die
Aufnahme von Flüchtlingen sei »Verrat am eigenen Volk«. Diesen Neonazi-Slogan bezeichnete er allen Ernstes als einen moralischen Pol, dem gegenüber man »die Mauern der Unversöhnlichkeit« abtragen müsse.[14]

Steinmeier machte sich sogleich selbst an diese Aufgabe und
propagierte Kernforderungen der Rechtsextremisten. Deutschland müsse die Entscheidung darüber zurückgewinnen, wer
politisch verfolgt und wer auf der Flucht vor wirtschaftlicher Not
sei, polterte er. Tatsächlich werden schon jetzt nicht nur massenhaft Menschen deportiert, die vor bitterer Armut geflohen sind,
sondern auch Kriegsflüchtlinge, die nach der Genfer Konvention
Schutz genießen müssten. Stattdessen will Steinmeier die
Zuwanderung an den Interessen der deutschen Wirtschaft ausrichten. Er forderte eine Einwanderung, »die Migration nach
unseren Maßgaben kontrolliert und steuert«. Wer nach Deutschland komme, müsse nicht nur die Sprache lernen, erklärte Steinmeier, sondern auch bestimmte Überzeugungen übernehmen:
»Rechtsstaatlichkeit, die Achtung der Verfassung, die Gleichbe-
rechtigung von Mann und Frau« seien Grundbedingungen für

das Leben in Deutschland. Dies gehöre zu einem »aufgeklärten deutschen Patriotismus«.

Mit seiner Rede legte Steinmeier die Grundlage für die Integration der AfD. Wie nach der Bundestagswahl 2013 folgten auch 2017 lange Koalitionsverhandlungen hinter verschlossenen Türen, die diesmal sechs Monate lang dauerten. Das Ergebnis war die Umsetzung der AfD-Politik durch die Große Koalition.

Die Selbstgleichschaltung der Medien

Weder die Rückkehr des Militarismus noch die Rehabilitierung rechtsradikaler Positionen und die Verharmlosung von Nazi-Verbrechen wären ohne die Unterstützung von breiten Teilen der Medien möglich gewesen. Die großen Medienhäuser und auch die öffentlich-rechtlichen Rundfunkanstalten lassen sich immer mehr von Goebbels' Grundsatz leiten, dass man eine Lüge nur oft genug wiederholen muss, damit die Leute sie am Ende glauben. Das Ausmaß ihrer Selbstgleichschaltung ist Ausdruck des Niedergangs der bürgerlichen Demokratie. Immer größere Teile der Medien werden von einer Handvoll Großkonzernen und Investoren kontrolliert, die eine Linie vorgeben, die mit den Überzeugungen der großen Mehrheit nichts mehr zu tun hat. Die Redaktionsstuben sind aufs Engste mit der Regierung verbunden und zu deren verlängertem Arm verkommen.

In der ersten Hälfte des Jahres 2014 beteiligten sich nahezu alle großen Medien an einer konzertierten Kampagne, wie man sie in dieser Intensität bisher kaum erlebt hatte. Der von den Westmächten orchestrierte Putsch in der Ukraine wurde als demokratische Revolution verherrlicht, die Rolle rechter und faschistischer Kräfte bei den Maidan-Protesten in Kiew ausgeblendet, der anschließende Krieg in der Ostukraine einseitig als russische Provokation geschildert und die russische Sichtweise vollständig ausgeblendet, um die Bevölkerung auf eine Konfrontation mit Russland vorzubereiten.

Seitdem vergeht kaum ein Tag, an dem die Leitmedien nicht für Militarismus und Krieg trommeln und gegen die pazifistische Grundstimmung in der Bevölkerung hetzen. Bereits Ende April 2013 forderte ein Kommentar der *Süddeutschen Zeitung* von Hubert Wetzel »eine Salve Marschflugkörper auf das Hauptquartier von Baschar al-Assads Armee«.[1] Am 4. November des gleichen Jahres veröffentlichte der *Zeit*-Journalist Jochen Bittner in der *New York Times* einen programmatischen Artikel mit dem Titel »Rethinking German Pacifism« (Den deutschen Pazifismus überdenken), der für eine aggressivere deutsche Außenpolitik warb. Darin agitierte er gegen den »zu tief verankerten Pazifismus« der Deutschen und forderte mehr »militärische Interventionen«.[2]

In jüngster Zeit wurden die Aufrufe immer aggressiver. Im Februar 2017 veröffentlichte die *Frankfurter Allgemeine Zeitung* einen Kommentar von Jan Techau unter der Überschrift »Als Moralapostel droht Deutschland zu zerreißen«. Techau bezeichnet das »Bestreben, am Ende jedes Vorhabens ›moralisch sauber‹ dazustehen«, das die außenpolitischen Debatten in Deutschland durchziehe, als »neurotisch«, d. h. als geisteskrank. Die »übertreibende Beurteilung der Moral als alleinigen Maßstab für das Verhalten« führe in »eine isolierende Neurose«.[3]

Auch für deutsche Atomwaffen wird offen geworben. »Brauchen wir die Bombe?« titelte die *Welt am Sonntag* am 29. Juli 2018 und beantwortete die Frage eindeutig mit »Ja«. »Die nukleare Komponente unserer Sicherheit« dürfe nicht länger aus »Gründen der Political Correctness, fehlender Zivilcourage und mangelhafter militärstrategischer Überlegungen« verdrängt werden, so der Autor des Artikels Christian Hacke, ein Politikwissenschaftler mit engen Beziehungen zu Vertretern von Regie-

rung, Militär und Außenpolitik. Deutschland solle »nicht vom
Sockel moralischer Überlegenheit weiter Trump-Bashing betreiben, sondern sich militärisch besser wappnen – nach allen Seiten und mit allen Mitteln.«[4]

Konzertierte Medienkampagnen

Die Ukraine-Kampagne und die anschließende Kriegshetze wurden zum Vorbild für ähnliche Propagandafeldzüge, die dazu
dienten, die öffentliche Meinung nach rechts zu verschieben.

Anfang des Jahres 2016 überboten sich die Medien mit Berichten über ausländische Männerhorden, die in der Silvesternacht
am Kölner Hauptbahnhof massenhaft Frauen vergewaltigt hätten. Es gebe eine »neue Form der organisierten Kriminalität«
und einen »Zivilisationsbruch«, verkündete der damalige Bun-
desjustizminister Heiko Maas (SPD).[5] Die »Täter« vom Kölner
Hauptbahnhof wurden pauschal als Flüchtlinge und Nordafrika-
ner identifiziert, die begangenen Straftaten als Ausdruck »mus-
limischer Männlichkeitsnormen« dargestellt (Julia Klöckner,
CDU). Der nordrhein-westfälische Innenminister Ralf Jäger
(SPD) erklärte der Kölner Boulevardzeitung *Express*: »Wir nehmen es nicht hin, dass sich nordafrikanische Männergruppen
organisieren, um wehrlose Frauen mit dreisten sexuellen Attacken zu erniedrigen.«[6]

Das Ganze war weitgehend erfunden. Die Machenschaften
von Taschendieb-Banden, wie sie oft bei Großveranstaltungen
im Einsatz sind, wurden massiv aufgebauscht und für eine rassistische Hetzkampagne gegen Flüchtlinge und Muslime instru-
mentalisiert. In der Silvesternacht selbst hatte es nur etwa hun-

dert Anzeigen gegeben. Der Einsatz war aus Polizeisicht so nor-
mal, dass am nächsten Tag von einer »entspannten Einsatzlage«
die Rede war. Erst im Zuge der Berichterstattung stieg die Zahl
der Anzeigen stark an. Insgesamt gingen 1200 Anzeigen ein,
obwohl nur etwa 1000 Menschen am Kölner Hauptbahnhof Silvester gefeiert hatten. Davon bezogen sich 500 auf Sexualdelikte.
Ein Jahr danach waren gegen 330 Beschuldigte Verfahren ein-
geleitet worden. Zu Verurteilungen war es allerdings nur in rund
30 Fällen gekommen, und nur drei davon hatten einen Bezug zu
einem Sexualdelikt. Die juristischen Verfahren ergaben das Bild
von jugendlichen Kleinkriminellen, die für Delikte wie Handy-
diebstahl empfindliche Geld- und Bewährungsstrafen erhielten.
Obwohl die Ermittlungsergebnisse die Medienberichte als Kampagne entlarvten, dient die »Kölner Silvesternacht« den Rechten
bis heute als Schlagwort.

Ähnlich funktionierte die Medienkampagne gegen »Linksextremismus« im Zusammenhang mit dem G20-Treffen im Juli
2017 in Hamburg. In heiliger Eintracht berichteten die Medien
von beispiellosen linksextremistischen Gewalttaten, die sich in
den Straßen Hamburgs ereignet hätten. Ein Schauermärchen
jagte das nächste: über Linksextremisten, die sich auf Dächern
mit Gehwegplatten eingedeckt hätten, um Polizisten zu ermor-
den, oder über Demonstranten, die ohne erkennbaren Grund
mit brachialer Gewalt Polizeireihen durchbrochen hätten.

Der damalige SPD-Kanzlerkandidat Martin Schulz sprach von
»Mordversuchen« in Hamburg, Vizekanzler Sigmar Gabriel
bezeichnete die Randalierer gar als »Terroristen«. Dieter Romann,
Präsident der Bundespolizei, behauptete gegenüber der Presse,
man habe eine »neue Dimension linksterroristischer und auto-
nomer Gewalt« beobachtet. Die F. A. Z. kommentierte unter dem

Titel »Rote Hassprediger«: »Es geht um Gewalt und Terror. Eine kleine Gruppe entwurzelter Straftäter hat Teile Hamburgs terrorisiert und dabei versucht, Polizisten zu töten oder zumindest schwer zu verletzen. Letzteres ist in vielen Fällen gelungen. Trotzdem werden ihre Straftaten in linken Kreisen gedeckt.«[7] Der sozialdemokratische Justizminister Heiko Maas unterstützte gegenüber der *Bild*-Zeitung sogar den Vorschlag, ein »Rock gegen Links«-Konzert abzuhalten – ein Slogan, der bislang von rechtsradikalen Bands wie »Freikorps« oder »Sturmfront« propagiert worden war.

Die Artikel und Reportagen, die sich im Wesentlichen auf Polizeiberichte stützten, haben sich inzwischen als Lügen entpuppt. So haben sich keinerlei Belege für die Behauptung gefunden, Demonstranten hätten Steinplatten und Molotow-Cocktails von Dächern werfen wollen. Trotz intensiver Durchsuchung und Spurensicherung konnte die Polizei bisher keine entsprechenden Gegenstände präsentieren, und trotz umfassender Videoüberwachung war sie nicht in der Lage, deren Einsatz eindeutig zu dokumentieren. Viele, die sich auf Dächern oder Baugerüsten aufhielten, stellten sich als Filmteams oder Schaulustige heraus.

Einige Wochen nach den Vorwürfen, aus einer Demonstration heraus seien Polizeikräfte massiv und gezielt mit Flaschen, Böllern und Bengalos beworfen worden, kam ein Polizeivideo an die Öffentlichkeit, das diese Geschichte vollständig widerlegte. Das Video zeigt eindeutig, dass es keine Gewaltanwendung gegen Polizisten gab, sondern dass die Polizei auf die Demonstranten zu rannte, die zur selben Zeit von hinten mit Wasserwerfern beschossen wurden.

Die Szenen dieser Demonstration und der Vorwurf von Steinplatten auf den Dächern bildeten die zentralen Bausteine des

Lügengebäudes der Polizei und der Medien. Eine andere
Demonstration war von der Polizei brutal aufgelöst worden, weil
sich einige Teilnehmer vermummt hatten. Im Mai 2018 kam heraus, dass es sich dabei zumindest teilweise um Zivilpolizisten
gehandelt hatte.

Auf der Grundlage dieser inszenierten und erlogenen
Geschichten verbot das Innenministerium schließlich die
Online-Plattform linksunten.indymedia.org. Die Seite diente lin-
ken Gruppen zur Vernetzung und veröffentlichte vor allem
Recherchen zu Neonazi-Aktivitäten in Deutschland.

Im Jahr 2018 griffen die Medien dann einen angeblichen Skandal um die Bremer Außenstelle des Bundesamts für Migration
und Flüchtlinge (Bamf) auf, der sich ebenfalls als reine Erfindung
erwies. Eine amtsinterne Untersuchung ist seither zum Schluss
gelangt, es habe keinen »flächendeckenden Asylbetrug« gegeben. Von 18 000 überprüften positiven Asylbescheiden erwiesen
sich lediglich 145 als »beeinflusst«. Ähnlich verhielt es sich mit
angeblichen Krawallen in einer Flüchtlingsunterkunft in Ellwan-
gen, über die die Medien groß berichteten.

Diese Kampagnen zeigen, wie weit sich die Medien selbst
gleichgeschaltet haben. In sämtlichen Fällen hätte eine objektive
Analyse der Fakten schnell erwiesen, dass es sich um Lügen und
Verdrehungen handelt. Angesichts wachsender Widersprüche
zwischen den herrschenden Eliten und der großen Mehrheit
verwandeln sich die großen Medien immer offener in Propagan-
dainstrumente. Das zeigten besonders deutlich die wütenden
Artikel, mit denen nahezu alle Zeitungen auf die Kritik der IYSSE
und anderer Studierender an den rechten Standpunkten von
Professoren reagierten.

Jürgen Kaube verteidigt Baberowski

Nachdem sich Jörg Baberowski im Februar 2014 im *Spiegel* hinter Ernst Nolte gestellt und verkündet hatte, Hitler sei nicht grausam gewesen, herrschte in den Medien und an den Lehrstühlen großes Schweigen. Kein einziger Professor und kein einziger Journalist nahm daran Anstoß und kritisierte Baberowski. Erst nachdem die Flugblätter und Veranstaltungen der IYSSE an der Humboldt-Universität unter den Studierenden auf große Resonanz gestoßen waren, berichtete die *taz* am 28. November 2014 über die Zitate Baberowskis und die Kritik der IYSSE.[8]

Drei Tage später veröffentlichte Jürgen Kaube auf der Titelseite des Feuilletons der *Frankfurter Allgemeinen Zeitung* einen wütenden Angriff auf die Sozialistische Gleichheitspartei und die IYSSE und stellte sich vollumfänglich hinter den rechtsradikalen Professor. Unter dem Titel »Mobbing trotzkistisch« warf er der SGP und den IYSSE vor, Baberowski »mittels Textcollagen und aus dem Kontext gelöster Zitate« diffamieren zu wollen. »Hier soll jemand um seinen wissenschaftlichen Ruf gebracht werden, nur weil er streitbare Forschung betreibt, die auch die Opferbilanzen des kommunistischen Weltrettungsprogramms einschließt«, schrieb Kaube. Er verteidigte sogar die Äußerung, dass Hitler nicht grausam gewesen sei, mit der Begründung, es habe sich um einen Vergleich mit Stalin gehandelt. Baberowski als »antikommunistisch« oder als »Parteigänger revisionistischer Verharmlosungen des Nationalsozialismus« zu bezeichnen, seien haltlose Verdächtigungen.[9]

Kaube ging auch ausführlich auf die Einladung von Robert Service ein und verteidigte den Geschichtsfälscher unter Verweis auf einige rechte Historiker, die seine Trotzki-Biografie

gelobt hatten, weil es den »Häretiker-Bonus« Trotzkis – »Hätte
doch er und nicht Stalin sich durchgesetzt« – zerstört habe.

Um seine haarsträubenden Behauptungen zu rechtfertigen,
bediente sich der damalige Ressortleiter für Geisteswissenschaften und heutige Mitherausgeber der F. A. Z. völlig unred-
licher und übler Methoden. So zitierte er keine der Aussagen
Baberowskis, die angeblich aus dem Zusammenhang gerissen
worden waren, wohl wissend, wie Leser auf das Zitat über Hitler
oder die Kriegshetze des Professors reagieren würden. Er ver-
mied es auch, die SGP oder die IYSSE beim Namen zu nennen
und benutzte erfundene Namen, um es dem Leser möglichst
schwer zu machen, die Aussagen selbst zu überprüfen. Natürlich hatte Kaube die SGP auch nicht nach ihrer Sicht der Dinge
befragt, was die journalistische Sorgfaltspflicht eigentlich geboten hätte.

Eine Stellungnahme der SGP, die die Lügen Kaubes aufdeckte
und die Zitate Baberowskis in voller Länge und in ihrem Kontext
anführte, wurde von der F. A. Z. weder beantwortet, noch veröffentlicht. Die SGP antwortete auf den Vorwurf, sie diffamiere
den Professor und greife die akademische Freiheit an:

> Folgt man dieser Auffassung, dann schützt die akademische
> Freiheit die Verharmlosung Hitlers und die Befürwortung von
> Kriegsverbrechen, während Kritik an diesen reaktionären
> Standpunkten gegen die akademische Freiheit verstößt. In
> Wirklichkeit geht es hier nicht um akademische Freiheit, son-
> dern um Gleichschaltung. Wenn es über diese Fragen keine
> öffentliche Diskussion geben darf, kann über nichts mehr dis-
> kutiert werden. Wenn die Kritik an derartigen Aussagen Dif-
> famierung ist, dann gibt es keine Meinungsfreiheit mehr.[10]

Mit seinem Artikel legte Kaube die Grundlage für Dutzende ähnliche Angriffe auf die IYSSE, die in den folgenden Monaten in nahezu allen großen Medien veröffentlicht werden sollten.

Hetze gegen Münkler-Watch

Einen ersten Höhepunkt fand diese Diffamierungskampagne im Mai 2015, als der militaristische Politikwissenschaftler Herfried Münkler zum Sturm gegen studentische Kritiker blies. Eine Gruppe Studierender hatte im Sommersemester 2015 den Blog Münkler-Watch ins Leben gerufen, auf dem sie die Vorlesung Münklers im Wochenturnus kritisch kommentierte. Die Blogger, die sich in einem Abhängigkeitsverhältnis zum Professor befanden, machten dabei von ihrem grundgesetzlich geschützten Recht auf anonyme Kritik Gebrauch.

Die Autoren von »Münkler-Watch« hatten ihren Blog vor allem mit ihrer Opposition gegen den Militarismus begründet. »Wir wollen damit zeigen, was es für Studierende bedeutet, wenn ein offenkundig militaristischer Extremist der Mitte für die Ausbildung junger Menschen verantwortlich ist«, schrieben sie. Es gehe darum zu »zeigen, was hier abgeht, auch über die Causa Münkler hinaus«. Münkler vermutete deshalb gegenüber der Presse, dass die IYSSE hinter der Initiative steckten. Obwohl dies nicht der Fall war, verteidigte die trotzkistische Jugendgruppe »Münkler-Watch« gegen die Angriffe. »Wenn unsere Kritik an Baberowski und Herfried Münkler sie dazu ermutigt hat, begrüßen wir das«, erklärten die IYSSE.

Münkler, der aufs Engste mit der Bundesregierung verquickt ist und enge Verbindungen zum Militär unterhält, reagierte äußerst aggressiv auf seine studentischen Kritiker. Der Professor lud am 12. Mai 2015 sämtliche großen Medien der Hauptstadt in seine Vorlesung ein und diktierte der versammelten Journaille wüste Schimpftiraden in ihre Notizblöcke. So bezeichnete er die Autoren von »Münkler-Watch« als »erbärmliche Feiglinge«, verglich sie mit Nazi-»Blockwarten« und erklärte, es sei eine »unerträgliche Situation, unter diesen Umständen der permanenten Denunziationsdrohung« eine Vorlesung halten zu müssen.

Die Schreiberlinge taten wie ihnen geheißen und veröffentlichten massive Angriffe auf die bloggenden Studierenden, die es gewagt hatten, ihren Professor zu kritisieren! Im *Deutschlandradio* beschimpfte Winfried Sträter »Münkler-Watch« als »Tugendwächter«, die »eine Form von Gesinnungsselbstjustiz« ausübten.[11] Jens Bisky, der regelmäßig mit Jörg Baberowski im Literaturhaus Berlin auftritt, schrieb in der *Süddeutschen Zeitung*, im Auftreten der Blogger mische sich »Aggressivität und Kleinmut auf eine geradezu Pegida-hafte Weise«.[12]

Am übelsten äußerte sich wiederum die *F. A. Z.* Regina Mönch, deren »wirklich gute Freundin«[13] Monika Maron Mitglied von Baberowskis »Rechtem Salon« ist, tobte: »Studenten pöbeln gegen einen Professor [...] Sie denunzieren und zensieren seine Vorlesungen, mit denen sie intellektuell offensichtlich überfordert sind.« Der Universität warf sie vor, sie reagiere wachsweich auf dieses Treiben. Ihr Statement klinge »wie eine Einladung zum permanenten Unfrieden oder, wie es einige Hochschullehrer formulierten, zur vollen ›Verleumdungsfreiheit‹«.[14] Kurz darauf verglich Frederike Haupt in der gleichen Zeitung fundierte inhaltliche Kritik an einem rechten Professor mit »Bombendrohungen und Mordaufrufen«.[15]

Auch Baberowski meldete sich zu Wort und forderte gegenüber dem *Tagesspiegel*, »die Universität müsse solchen ›Spin-
nern‹ Hausverbot erteilen und Strafanzeige gegen sie stellen«.
Sie müsse »ihre Mitarbeiter vor Extremisten aller Art schützen«.[16]

Münkler selbst beschuldigte die Studierenden in einem Interview mit der *Zeit* des Nationalsozialismus und des Antisemitismus. Außerdem warf er seinen Kritikern »asymmetrische
Kriegsführung« vor, ein Begriff, der sich in der Regel auf Terroristen bezieht. Später erklärte er: »Der Ressentimentdiskurs, den
sie [die Studierenden] pflegen, erinnert mich aber eher an hoch-
schulpolitische Vorgänge des Jahres 1933: Der hat viel Geld, wir
sind arm. Der hat Einfluss, wir nicht. Das ist ein Muster, das auch
anti-semitisch eingesetzt worden ist.«[17]

Das ist nicht nur eine unverschämte Verharmlosung des Antisemitismus der Nazis, es stellt die Dinge auf den Kopf. In den
1930er Jahren wurden die Universitäten gleichgeschaltet und auf
die rechte und militaristische Linie des Hitler-Regimes einge-
schworen. Die Meinungsfreiheit wurde abgeschafft, jüdische,
pazifistische und linke Studierende wurden verfolgt und Wissenschaft und Forschung den kriegerischen Zielen des Regimes
unterworfen. Wenn man schon eine Parallele zu den »hoch-
schulpolitischen Vorgängen des Jahres 1933« zieht, dann liegt sie
genau umgekehrt. Münkler tritt für Diktatur und Militarismus
ein und will jede Kritik daran unterdrücken.

Die Argumente, die Münklers Verteidiger bemühen, sind völlig absurd. Studierende, die nichts weiter gemacht haben, als
ihren Professor sachlich zu kritisieren, werden allen Ernstes mit
Terroristen in Verbindung gebracht, der Zensur beschuldigt und
mit den Rechtsextremisten der Pegida verglichen. Die Bedeu-

tung des Rechts auf Meinungsfreiheit wird kurzerhand ins
Gegenteil verkehrt. Die Studierenden haben nicht länger das
Recht, ihre Professoren zu kritisieren, sondern die Universität
hat das Recht, jede Kritik im Keim zu ersticken. Bemerkenswert
ist die Leichtigkeit, mit der Journalisten aller großen Zeitungen
diese obrigkeitsstaatliche Argumentation übernahmen, gegen
die es in den Redaktionsstuben nur in den seltensten Fällen
Opposition gab.

Ein Beitrag von Sebastian Kempkens für den *Uni-Spiegel*
sticht in dieser Hinsicht besonders heraus. Dieser Artikel, der
auch auf *Spiegel Online* veröffentlicht wurde, beginnt mit vul-
gären Schimpftiraden. Er lässt Baberowski seine Kritiker
unkommentiert als »Bekloppte« und »Irre« bezeichnen. Kempkens selbst behauptet, die Kritik an Münkler und Baberowski
sei »intellektuell oft dürftig unterfüttert«, ohne dies auch nur
ansatzweise zu belegen. Obwohl er den Autor dieser Zeilen
über eine Stunde lang interviewt hatte und bestens über die
Auseinandersetzungen an der Humboldt-Universität informiert war, diffamierte er Münkler-Watch und die IYSSE als
»Stalker« und legte ihnen nachweislich falsche Zitate in den
Mund.[18]

Mit dem Schmutz, den er nach kritischen Studierenden warf,
verfolgte Kempkens ein klares politisches Ziel. Er griff die Pressefreiheit und den freien Meinungsaustausch an der Universität
an. Studierende, die auf Blogs ihre Professoren kritisieren, errichten demnach einen »Internet-Pranger«. Wer öffentliche Veranstaltungen kritisch dokumentiert, belästigt die Sprecher. Und
wer die Verharmlosung des Nationalsozialismus kritisiert, macht
»aus einer Mücke einen Elefanten«. Die Kritik an den Standpunkten Baberowskis berechtige die IYSSE nicht, Texte dazu zu

verfassen und Veranstaltungen zu organisieren, schrieb Kempkens unverhohlen. In ihrer Antwort wiesen die IYSSE nicht nur
Kempkens Lügen und Verdrehungen zurück, sie erklärten auch,
welche Art von Journalist mit dem damals 27-Jährigen heran-
gezogen wird:

> Kempkens hat Geschichte und Politikwissenschaften an der
> Humboldt-Universität studiert, unter anderem bei Herfried
> Münkler. In dessen Vorlesungen muss es ihm wie Diederich
> Heßling in Heinrich Manns »Untertan« ergangen sein, den der
> »menschenverachtende, maschinelle Organismus« der Schule
> beglückte und dessen ganzer Stolz die – wenn auch nur lei-
> dende – Teilhabe an der kalten Macht war. »Am Geburtstag
> des Ordinarius bekränzte man Katheder und Tafel. Diederich
> umwand sogar den Rohrstock«, schreibt Mann.
> An Heßling veranschaulicht Mann die autoritäre Persönlich-
> keit des deutschen Kleinbürgers, die für den wilhelminischen
> Militarismus unerlässlich war. Auf den eigenen Vorteil
> bedacht, verinnerlicht er die Macht der Herrschenden, buckelt
> nach oben und tritt umso brutaler nach unten. Die fanatische
> Vergötterung der Autoritäten mischt sich mit tiefer Aggressi-
> vität. Der Roman endet mit einer brennenden Kriegsrede
> Heßlings, der sich selbst vor dem Militärdienst gedrückt hat.
> Man muss charakterlich ähnlich aufgestellt sein, um legitime
> und notwendige Kritik von Studierenden an militaristischen
> Professoren in so dreister Weise zu entstellen und in den
> Schmutz zu ziehen, wie es Kempkens in seinem Traktat tut.
> Diese Art skrupel- und gewissenloser Schmierfinken wird
> jetzt wieder gebraucht, um eine aggressive deutsche Außen-
> politik durchzusetzen.[19]

Dass gerade der *Spiegel* einen der übelsten Angriffe auf Münkler-Watch und die IYSSE veröffentlichte, ist bedeutsam. Das ehemals liberale Blatt ist in den letzten Jahren zu einem verlängerten Arm der Bundesregierung verkommen und hat die Hetze gegen Russland ebenso befeuert wie die chauvinistische Kampagne gegen die griechische Bevölkerung. Die Zeiten, in denen Rudolf Augstein für die Pressefreiheit ins Gefängnis ging und sich schließlich gegen Verteidigungsminister Franz-Josef Strauß durchsetzte, sind lange vorbei. Die extreme Verschärfung internationaler Konflikte, die Wiederkehr des deutschen Militarismus und die brutalen sozialen Angriffe in ganz Europa haben die Gesellschaft stark polarisiert. Gegen die Opposition der Arbeiterklasse rücken die Eliten enger zusammen.

Die Klage gegen den Bremer AStA

In dem Maße, wie sich die Opposition gegen rechte Professoren und insbesondere Professor Baberowski ausweitete und weitere Universitäten erfasste, steigerten auch die Medien ihre Hetze gegen die Studierenden. Baberowski selbst ging dazu über, seine Kritiker zu verklagen und, gestützt auf seinen »Rechten Salon«, gezielte Kampagnen gegen sie zu führen.

Im November 2016 reichte Baberowski eine Unterlassungsklage gegen die Studierendenschaft der Universität Bremen ein, um zu verhindern, dass der AStA ihn weiterhin zitiert und kritisiert. Die Studierendenvertreter hatten im Vormonat ein Flugblatt verfasst, das Aussagen Baberowskis zur Flüchtlingspolitik und zum Kampf gegen den Terrorismus zitierte und politisch wertete. Der AStA rief damit zu friedlichen Protesten gegen eine

Die gemeinsame Veranstaltung der IYSSE und des AStA an der Universität Bremen

Veranstaltung mit Baberowski auf, die die Konrad-Adenauer-Stiftung (KAS) in Zusammenarbeit mit dem Ring Christlich-Demokratischer Studenten (RCDS) an der Universität Bremen durchführen wollte. Die Universitätsleitung in Bremen hatte daraufhin erklärt, sie erwarte von den Veranstaltern, »dass sie sich der argumentativen Auseinandersetzung stellen und dass der AStA den Referenten mit seiner doch erheblichen Kritik konfrontieren kann«.

Diese Bedingung wollte Baberowski offenbar nicht akzeptieren. Die Veranstaltung wurde in die Räumlichkeiten der KAS verlegt und unter Einsatz von zwei Dutzend Polizisten von kritischen Studierenden abgeschirmt. Außerdem schaltete Baberowski die Berliner Rechtsanwaltskanzlei Schertz Bergmann ein, um die Studierenden zu zwingen, ihr Flugblatt und eine spätere Presseerklärung von ihrer Website zu entfernen. Obwohl das Flugblatt an der Bremer Universität verteilt worden war und Baberowski in Berlin lebt und arbeitet, verklagte der Professor den AStA beim Landgericht Köln, das laut *Spiegel* unter Journa-

listen inzwischen als das schärfste im Land gilt. Die einstweilige
Verfügung, die Baberowski dort dann auch erreichte, setzte er
sofort ein, um andere Kritiker zu bedrohen – unter anderem den
Autor dieser Zeilen.

Zeitgleich mobilisierten rechte und rechtsextreme Medien
zur Verteidigung Baberowskis. Im nationalkonservativen Maga-
zin *Cicero* erklärte Klaus-Rüdiger Mai, der Bremer AStA stelle
die »Freiheit der Bremer Universität zur Disposition« und bereite
eine Diktatur vor.[20] Vera Lengsfeld, ein Mitglied von Baberowskis »Rechtem Salon«, erklärte auf ihrem Blog, der AStA fordere
»bedingungslose Unterwerfung unter den Gesinnungsterror«,
und setzte die kritischen Studierenden mit den Nazis gleich.[21]
»Wir erhielten in der Folge Dutzende Briefe von Rechtsextremisten, die uns beleidigten und teilweise auch bedrohten«, berichtete Irina vom AStA Bremen.

Bemerkenswerterweise stimmte nun auch die *taz* in die rechte
Hetze ein, die sich zwei Jahre zuvor noch kritisch über Baberowski geäußert hatte. In einem Bericht über eine gemeinsame Veranstaltung des AStA und der IYSSE an der Universität Bremen,
zu der hundert Studierende gekommen waren, behauptete Karolina Meyer-Schilf, die Sprecher der IYSSE hätten sämtliche prä-
sentierten Zitate Baberowskis »aus dem Zusammenhang gerissen«.[22]

Auf eben dieser Behauptung basierte auch Baberowskis Argumentation vor Gericht. Zusammen mit seinen Anwälten begrün-
dete er auf fast 150 Seiten, dass er ein herausragender Professor
sei, der sich zu sämtlichen Themen ausschließlich wissenschaftlich äußere, und dass seine Kritiker Zitate mutwillig aus dem
Zusammenhang gerissen hätten. So behauptete er, dass er seine
Äußerungen im Deutschen Historischen Museum[23] als Kriegs-

gegner getätigt und dass er Brandanschläge auf Flüchtlingsunterkünfte zwar als »eher harmlos« bezeichnet, aber auch gesagt habe, das dies »schlimm genug« sei. Die Bewertung seiner Aussagen als »rechtsradikal«, »gewaltverherrlichend« und »rassistisch« seien deshalb Diffamierungen und müssten verboten werden.

Selbst das Kölner Landgericht, das sich Baberowski extra ausgesucht hatte, folgte dieser absurden Argumentation nur in Teilen. Zwar verbot es dem AStA im Urteil vom 15. März 2017 bestimmte Äußerungen und Zitate, doch machte es unmissverständlich klar, dass Baberowski sehr wohl als »rechtsradikal« bezeichnet werden könne, weil ein »hinreichender tatsächlicher Anknüpfungspunkt auch für solche kritische Äußerungen gegeben« sei. Die Kammer stellte auch fest, dass es sich nicht um »Schmähkritik« handle, »weil der erforderliche Sachbezug gegeben ist«.

Die Medien, die die Hetze gegen die IYSSE angeführt hatten, reagierten auf das Urteil mit einer hysterischen Lügenkampagne. Den Anfang machte die *F.A.Z.* Am 27. März 2017 präsentierte Heike Schmoll auf der Titelseite des Feuilletons eine Verschwörungstheorie, die in Stil und Diktion an ultrarechte Fabrikationen erinnert. Die IYSSE würden aus den USA finanziert, log sie, und hätten den Bremer Asta und andere Studierende »wirkungsmächtig« gegen Baberowski aufgebracht. Auch Schmolls Behauptung, die IYSSE störten Vorlesungen Baberowskis und würden dem Professor im Privatleben »paparazzihaft« auflauern, war frei erfunden.

Schmolls Ammenmärchen verfolgten das Ziel, den rechtsradikalen Professor als Opfer einer Kampagne darzustellen, die die »Universität als Ort des freien Diskurses und wissenschaftlichen Streits, der intellektuellen Gedankenexperimente und der zen-

surfreien Rede« bedrohe. Den IYSSE warf Schmoll vor, sie übten
»harte Zensur« gegen Baberowski und den Politikwissenschaftler Herfried Münkler aus und verhinderten »radikal« den »freien
Meinungsaustausch«. Schließlich machte sie die trotzkistische
Jugendorganisation für einen »konformistischen Druck« verantwortlich, der vom Kindergarten über Gymnasien bis zur Hochschule ausgeübt werde.

Natürlich führte Schmoll, die sich selbst gern als Elite bezeichnet, kein einziges Zitat Baberowskis an und entkräftet keines der
Argumente der IYSSE. Der Artikel enthielt selbst für *F. A. Z.*-Ver-
hältnisse derart viele Lügen und Diffamierungen, dass er nach
einer Intervention des Deutschen Presserats von den Servern
der *F. A. Z.* gelöscht wurde.

Nichtsdestotrotz veröffentlichte die Leitung der Humboldt-Universität nach Schmolls Artikel eine Solidaritätserklä-
rung mit Jörg Baberowski, in der sie ihn als »hervorragenden
Wissenschaftler« lobt und »mediale Angriffe« auf ihn für »inakzeptabel« erklärt.[24] Schmoll hatte in ihrem Artikel eine solche
Erklärung eingefordert und berichtete dann am 1. April 2017 auf
der Titelseite der *F. A. Z.* prominent darüber.

Auch andere rechte Medien stimmten in den Chor ein. In
Cicero beschuldigte erneut Klaus-Rüdiger Mai die IYSSE, sie
übten »Psychoterror an der Uni« aus, schüchterten Professoren
ein, glaubten an Verschwörungstheorien und verträten Gesin-
nungen, die für den Bau von »Gulags und Arbeitslagern« verantwortlich seien.[25] Die rechtsextreme *National Zeitung* warf
der trotzkistischen Jugendorganisation eine »Mobbingkampa-
gne« und »Hetzjagd« vor.

Am wildesten trieb es Baberowski selbst. In einem Interview,
das das Springer-Blatt *Die Welt* am 10. April 2014 unter der

Überschrift »Linksextremisten wollen nichts verstehen, sondern denunzieren« veröffentlichte, beschimpft er die IYSSE als »kleine stalinistische Sekte, die aus einigen alten Männern und drei oder vier Studenten besteht, die nicht wissen, was sie tun«.[26]

Den großen Tageszeitungen und Magazinen war kein Argument zu absurd und keine Lüge zu schäbig, um das Projekt des Umschreibens der Geschichte und der ideologischen Kriegsvorbereitung gegen den wachsenden Widerstand unter Studierenden und Arbeitern durchzusetzen. Das Kartenhaus ihrer Argumente brach allerdings endgültig in sich zusammen, als das Oberlandesgericht Köln als Berufungsinstanz das Urteil des Landgerichts vollständig kassierte.

In der mündlichen Verhandlung wertete die Vorsitzende Richterin die Äußerungen des AStAs nicht als Schmähungen, sondern als sachbezogene Kritik. Baberowski sei auch nicht falsch zitiert worden, betonte sie. Baberowski habe in der vom AStA zitierten Äußerung im Deutschen Historischen Museum die These vertreten, dass man den Krieg gegen den Terror nur mit Gegenterror gewinnen könne. Das Gericht halte die Aussage auch nicht für mehrdeutig, weil es gar nicht wisse, welche andere Bedeutung man ihr beimessen könne, ergänzte die Richterin. Auch in Bezug auf das Zitat über die Brandanschläge auf Flüchtlingsheime gab sie dem AStA recht. Offenbar seien für Baberowski die Probleme mit den Einwanderern schwerwiegender als die Gewalt gegen Flüchtlinge, so die Richterin. Da der AStA korrekt zitiert habe, seien auch die Bewertung als »rechtsradikal«, »gewaltverherrlichend« und »rassistisch« völlig legitim. Um dies nicht in einem Urteil lesen zu müssen, zog Baberowski seinen Antrag auf einstweilige Verfügung zurück und trug die gesamten Gerichtskosten.

Im Oktober des gleichen Jahres (2017) unternahm Baberowski dann noch den Versuch, beim Landgericht Hamburg eine einstweilige Verfügung gegen die Sozialistische Gleichheitspartei zu erwirken, die es der SGP und den IYSSE bei hoher Strafe verbieten sollte, ihn einen »Geschichtsfälscher« zu nennen. Doch da die SGP eine Schutzschrift hinterlegt hatte, die die Geschichtsklitterung des Professors minutiös belegte, kündigte das Gericht an, dass es den Antrag zurückweisen werde. Deshalb zog Baberowski auch diesen Antrag zurück und musste die Kosten des Verfahrens tragen.

Die Masken fallen

Nach Baberowskis gerichtlichen Niederlagen meldeten sich zum ersten Mal kritische Stimmen zu Wort. Über drei Jahre nach Baberowskis Behauptung, Hitler sei nicht grausam gewesen, kritisierte mit Mario Keßler ein Professor den Satz öffentlich. Baberowskis Verharmlosung Hitlers sei »eine Feinderklärung an Grundsätze der Humanität«, so Keßler in einem Leserbrief im *Tagesspiegel*.[27] Auch der renommierte Bremer Jura-Professor Andreas Fischer-Lescano bescheinigte Baberowski in der *Frankfurter Rundschau*, bei ihm verschmölzen »wissenschaftliches Œuvre und tagespolitische Äußerungen zu einem Amalgam rechtsradikaler Kritik, das durchsetzt ist von geschichtsrevisionistischen und nationalistischen Motiven«.[28]

Doch Baberowskis Niederlagen vor Gericht und solche Statements minderten die Attacken der Presse gegen seine Kritiker nicht. Allerdings wurden sie nun offener geführt. Hatten die Autoren bisher die inhaltlichen Fragen umständlich umschifft und sich mit dem Vorwurf der Verleumdung und anderen Lügen beholfen, bemühten sie sich nun in wachsendem Maße, Baberowski auch inhaltlich zu verteidigen.

Schon kurz vor Baberowskis Rückzug in Köln hatte Mariam Lau einen ausführlichen Artikel in der *Zeit* veröffentlicht. Darin gibt sie offen zu, dass in Baberowskis Geschichtsbild »Antisemitismus, Rassenhass, überhaupt historische Konstellationen in der Bedeutungslosigkeit« versinken, und folgert daraus: »Wenn es überall und jederzeit geschehen kann, trifft die Deutschen keine besondere Schuld. Dann ist der Mord an den europäischen Juden eben nichts Singuläres.«[29]

Doch trotz der offensichtlichen Parallele zu Noltes Auffassungen im Historikerstreit nimmt Lau daran keinen Anstoß. Ganz im Gegenteil verteidigt sie Baberowski. Sie bemüht sich, seine reaktionäre Geschichtsfälschung als Versuch darzustellen, sich mit dem Vater zu versöhnen, der im Krieg als SA-Mitglied amerikanische Soldaten brutal umgebracht und dies später als »Tontaubenschießen« verklärt hatte. Die Relativierung des Holocaust wird bei Lau zu einer Art Kollateralschaden der baberowskischen Familienaufstellung umgedeutet.

Während Lau Baberowski ausführlich zu Wort kommen lässt und in weichen Farben zeichnet, zitiert sie in dem mehr als 2000 Wörter umfassenden Artikel gerade 14 Wörter aus dem anderthalbstündigen Gespräch, das sie mit dem Autor dieser Zeilen und dem Sprecher der IYSSE an der HU, Sven Wurm, geführt hatte. Schon bei diesem Treffen, das in einem von Studenten bevölkerten Café in der Nähe der Humboldt-Universität stattfand, legte Lau eine erschreckende Sorglosigkeit an den Tag, wenn es um die beispiellosen Verbrechen des deutschen Imperialismus ging. Es wurde schnell klar, dass sie bereits mit einer festen Auffassung in das Interview gegangen war und kein Interesse daran hatte, ein ernsthaftes Gespräch über die politischen und historischen Streitpunkte zu führen.

Die Logik der von Lau verteidigten Relativierung von Nazi-Verbrechen zeigte sich im Juli 2018, als sich die *Zeit*-Autorin unter dem Titel »Oder soll man es lassen?« für ein Ende der privaten Seenotrettung im Mittelmeer aussprach. Obwohl sich staatliche Akteure im Mittelmeer zurückgezogen hatten und viele Menschen ohne die privaten Retter ertrunken wären, verlangte sie, dass diese ihre Tätigkeit sofort einstellen. Sie hätten »null und nichts beizutragen«, so Lau. Schließlich warf sie den Menschen, die ihr eigenes Leben für die Rettung anderer aufs Spiel setzten, die »Vergiftung des politischen Klimas« vor. Bevor sie Menschen vor dem Ertrinken retteten, sollten sie sich Gedanken machen, wie Italien »Tausende von Menschen einkleiden, beherbergen und ernähren« solle, schrieb sie.[30] Dieser unverhohlene Aufruf, Menschen ertrinken zu lassen, damit sie Europa nicht auf der Tasche liegen, löste einen Sturm der Entrüstung aus, so dass sich die *Zeit* offiziell für den Artikel von Lau entschuldigen musste.[31]

Die *F. A. Z.* ging nach Baberowskis gerichtlicher Niederlage in Köln aktiv gegen die IYSSE vor. Im Juli organisierte die Studierendengruppe unter dem Titel »Der Fall Baberowski – Gegen rechte und militaristische Ideologie an der Uni« an der Technischen Universität Berlin eine gemeinsame Veranstaltung mit dem dortigen AStA und dem AStA der Universität Bremen. Diese Veranstaltung rief die *F. A. Z.*-Redakteurin Regina Mönch auf den Plan. Sie erschien zusammen mit dem rechten Osteuropa-Historiker Karl Schlögel, dessen Frau Sonja Margolina und etwa zehn rechten Studierenden, die sich zuvor über Facebook zum Stören der Veranstaltung verabredet hatten. Einige von ihnen hatten Verbindungen zur rechtsradikalen Identitären Bewegung.

Die Gruppe hatte den Beiträgen der Veranstalter nichts entgegenzusetzen, sondern erging sich ausschließlich in Beleidigungen und unqualifizierten Zwischenrufen. »Rotlackierte Faschisten«, »Nichtsnutze« und »Rufmörder« sind nur einige Beispiele. Als Schlögel das Wort ergriff, konnte er kein einziges inhaltliches Argument vorbringen, sondern wiederholte einige der Lügen, die schon vorher etwa die *F.A.Z.* gegen die IYSSE vorgebracht hatte. Als die Störer merkten, dass sie auf der Versammlung völlig isoliert blieben und nicht in der Lage waren, sie zu sprengen, verließen sie geschlossen den Saal.

Zwei Tage später veröffentlichte Mönch auf der Titelseite des *F.A.Z.*-Feuilletons einen Artikel über die Veranstaltung, der die Realität auf den Kopf stellte und die Organisatoren scharf attackierte. Mönch behauptete, die beiden ASten würden von »linksextremistischen Splittergruppen« gesteuert und führten eine »Hetzkampagne«. Sie verstünden nichts von »Geschichte als Wissenschaft«, sondern arbeiteten mit »Verleumdungen, Begriffsverdrehungen und Verschwörungstheorien«. Die versuchte Sprengung der Veranstaltung verklärte sie zu einer intellektuellen Intervention.[32]

Schließlich positionierte sich auch die *taz* eindeutig. In einem Artikel, der am 3. März 2018 auf der Titelseite großflächig angekündigt wurde und sich über drei volle Seiten erstreckte, warf die langjährige *taz*-Redakteurin Sabine Seifert den IYSSE vor, ihre Kritik an Baberowski stelle eine Gefahr für die »offene Debatte« und die »Meinungsfreiheit« an den Universitäten dar.[33] Seifert übernahm das absurde Dauerargument der Rechtsextremen, Kritik an ihren Auffassungen sei ein Angriff auf die Meinungsfreiheit. Baberowskis »analytische Sicht auf die Welt« würde »gleichsam indiziert«, also verboten, behauptete sie, ohne für diese abstruse Behauptung einen einzigen Beleg anzuführen.

Baberowski wurde von Seifert geradezu glorifiziert. Sie beschreibt ihn als sensiblen und selbstkritischen Mann, der sich oft missverstanden fühlt, unter Kritik leidet und sich darüber beschwert, »dass es keine Diskussionen, keinen Streit mehr an der Uni« gebe. Begeistert schildert sie seine Vorlesung über Hermeneutik und Geschichte, die der »schlanke Mann mit der dunklen Metallbrille« an »einem sonnigen Oktobermorgen« in einem alten, von »humboldtschem Geist« geprägten Hörsaal hält, »der die schlummernden Ideale einer zweckfreien Bildung wachruft«. »Jörg Baberowskis Sätze sind klar, verständlich, schön, es sind Sätze zum Mitschreiben, Sätze, die etwas auslösen«, schwärmt die *taz*-Autorin.

Schließlich macht Seifert keinen Hehl daraus, dass dies auch für seine Sätze über Flüchtlinge und den Holocaust gilt und dass sie von Baberowskis rechtsradikalen Standpunkten fasziniert ist. Sie erklärt: »Links, liberal oder konservativ, das sagt ihm nichts mehr. Geht das nicht vielen Menschen so? Dass sich politische Gewissheiten, Zugehörigkeiten auflösen, gerade angesichts einer sich moralisch festigenden Neuen oder Identitären Rechten?«

Die IYSSE schrieben dazu in einem offenen Brief an die *taz*:

Was an der Neuen Rechten moralisch sein soll und weshalb sich deshalb politische Gewissheiten auflösen, erläutert Seifert nicht. Aber offenbar spricht sie hier für Leute, die angesichts der Wahlerfolge der AfD ihren moralischen Kompass neu ausrichten und ihre alten politischen Überzeugungen über Bord werfen. Die taz macht sich auf diese Weise mit den rechtesten Tendenzen gemein. 1968 hetzte die Springer-Presse gegen Studierende, die rechte Professoren zur Rede stellten. 50 Jahre danach greift die taz Studierende an, die einen rechtsextremen Professor kritisieren – und das in einer Zeit, in der die AfD im Bundestag sitzt und die Große Koalition deren Flüchtlingspolitik übernimmt.[34]

Die *taz* weigerte sich, den Leserbrief zu veröffentlichen. Stattdessen verteidigte Edith Kresta Seifert in einem Kommentar und sprach sich gegen die Stigmatisierung fremdenfeindlicher Vorurteile aus. In absurden Gedankensprüngen bemüht sich Kresta zunächst, die Kritik an einem rechtsradikalen Professor, der gegen Flüchtlinge hetzt und Nazi-Verbrechen verharmlost, als eine Form von überempfindlicher *Political Correctness* hinzustellen, der »Moral vor Analyse« gehe und die auf einem »Tunnelblick« basiere. Kritikern Baberowskis unterstellt sie indirekt »moralisches Sektierertum« und »schlichte Wahrheiten«.[35]

Sowohl Kresta als auch Seifert wurden in den 1950er Jahren geboren und in der unmittelbaren Folge von 1968 politisch sozialisiert. Sie kamen in den späten 70er bzw. frühen 80er Jahren zur *taz*. Diese war schon damals das Zentralorgan jener Teile der 68er Bewegung, die sich in den Grünen gesammelt hatten und für sehr wohlhabende Mittelschichten sprachen. Wie die Grünen bewegte sich auch die *taz* rasch nach rechts. Spätestens mit dem Eintritt der Grünen in die Bundesregierung 1998 wurde sie zu einer treibenden Kraft des deutschen Militarismus. Sie stand an vorderster Front, wenn es darum ging, den deutschen Kriegseinsatz gegen Serbien und Afghanistan mit Menschenrechten oder der Verhinderung eines neuen Auschwitz zu rechtfertigen. In Bezug auf Libyen, Syrien und die Ukraine griff die *taz* die Bundesregierung von rechts an, weil sie nicht aggressiv genug interveniere.

Jetzt wird sie von der Logik dieser Politik zu immer offeneren rechtsradikalen Standpunkten getrieben und bekennt sich nicht einmal mehr in Worten zu Humanismus und Menschenrechten.

Das Schweigen der Professoren

Wann immer die IYSSE auf Veranstaltungen oder in Diskussionen Baberowskis Äußerungen über Hitler und den Krieg gegen den Terror zitierten, reagierten Studierende und vor allem Arbeiter mit Entsetzen. Sie waren schockiert über die eklatante Geschichtsfälschung und das Ausmaß an Brutalität. Ein entgeistertes »Der lehrt an einer deutschen Universität?« war die häufigste Reaktion, gefolgt von der Frage, was man dagegen unternehmen könne. Völlig anders reagierten die Professoren. Sie hüllten sich entweder in feiges Schweigen oder attackierten Baberowskis Kritiker. Über drei Jahre lang fand sich in der gesamten Bundesrepublik kein einziger Professor, der die Äußerung »Hitler war nicht grausam« im größten Nachrichtenmagazin des Landes beanstandet hätte. Dieses ohrenbetäubende Schweigen war eine Voraussetzung dafür, dass die extreme Rechte heute derart aggressiv auftreten kann.

Historische Linien

Die Professoren stellen sich damit in die unselige, von rechter Ideologie und Standesdünkel geprägte Tradition der Geisteswissenschaftler an der Wende zum 20. Jahrhundert. Fritz K. Ringer hat diese reaktionäre Ausrichtung der Universitäten, die in Deutschland besonders ausgeprägt war, in Anlehnung an das kaiserliche Beamtenwesen in China als »Mandarinentum« bezeichnet und als Grundlage für die spätere, geräuschlose

Selbstgleichschaltung der Universitäten unter dem Nazi-Regime
ausgemacht.[1] Leo Trotzki charakterisierte die Anpassung der
Professoren 1933 mit den Worten:

> Die Armseligkeit der nationalsozialistischen Philosophie hat
> die Universitätsprofessoren selbstverständlich nicht gehin-
> dert, mit vollen Segeln in Hitlers Fahrwasser einzulenken –
> als sein Sieg außer Frage stand. Die Jahre der Weimarer Ord-
> nung waren für die Mehrheit des Professorenpöbels eine Zeit
> der Verwirrung und Unruhe. Die Historiker, Ökonomen,
> Juristen und Philosophen ergingen sich in Vermutungen dar-
> über, welches der einander bekämpfenden Wahrheitskriterien
> das echte sei, das heißt, welches Lager sich zu guter Letzt als
> Sieger erweisen werde. Die faschistische Diktatur beseitigt die
> Zweifel der Fauste und das Schwanken der Hamlets vom Uni-
> versitätskatheder. Aus der Dämmerung der parlamentari-
> schen Relativität tritt die Wissenschaft wiederum in das Reich
> des Absoluten ein. Einstein musste Deutschland verlassen.[2]

Auch Bruno Reimann gelangte 1984 in seinem Aufsatz »Die
›Selbst-Gleichschaltung‹ der Universitäten 1933« zum Schluss,
der Nationalsozialismus sei den Universitäten nicht einfach als
politisch-gewaltsame Disziplinierung von außen aufgezwungen
worden. Vielmehr stieß er an den Universitäten auf mannigfal-
tige politische, ideologische, soziale und wissenschaftstheoreti-
sche Denkschulen, mit denen er eine enge Verbindung einging.[3]
Max Weinreich dokumentierte 1946 in seiner Studie »Hitlers
Professoren«, wie führende deutsche Wissenschaftler an der
Vorbereitung, der ideologischen Abdeckung und teilweise auch
an der Umsetzung der Ermordung der europäischen Juden durch

die Nazis beteiligt gewesen waren. Weinreichs Studie zeigt, dass
eine ganze Schicht von Intellektuellen ihre Arbeit in den Dienst
des deutschen Imperialismus stellte und dabei an den größten
Verbrechen der Menschheitsgeschichte mitschuldig wurde. Er
betont dabei, dass praktisch alle wissenschaftlichen Disziplinen
involviert waren: »die physische Anthropologie und Biologie,
alle Bereiche der Sozialwissenschaften und Geisteswissenschaften – bis hin zu den Ingenieuren, die die Gaskammern und Kre-
matorien bauten«.[4]

In der unmittelbaren Nachkriegszeit bemühten sich die Universitäten, diese Kollaboration mit den Nazis zu verschleiern
und ideologisch zu rechtfertigen. Hitler wurde als eine Art
Betriebsunfall dargestellt, der nichts mit der traditionellen Politik der deutschen Eliten zu tun gehabt habe. Für die ungeheuren
Verbrechen der Nazis sei nur der engste Führungskreis um Hitler verantwortlich gewesen. Oft wurde die Nazi-Propaganda
wiederholt, die auch bei den Nürnberger Kriegsverbrecherpro-
zessen zur Verteidigung vorgebracht worden war. So hieß es, der
Überfall auf die Sowjetunion habe einen präventiven Charakter
gehabt, weil sich Stalin auf einen Krieg gegen Deutschland vorbereitet habe. In diesem Krieg seien auf allen Seiten Verbrechen
begangen worden, insbesondere von der Roten Armee. Dieser
Kontinuität der Argumentation lag die Kontinuität des Personals
zugrunde. Professoren, Beamte, Richter, Ärzte, Wirtschaftsfüh-
rer und Politiker rekrutierten sich aus den Reihen der alten
Nazis.

Erst in den 1960er Jahren begann mit dem Eichmann-Prozess,
den Auschwitzprozessen und neben anderen auch den Arbeiten
Fritz Fischers[5] die Aufarbeitung der Nazi-Verbrechen. Die detaillierte wissenschaftliche Forschung machte es für die rechten

Seilschaften immer schwieriger, ihre reaktionären Thesen aufrechtzuerhalten. Insbesondere die Studentenrevolte von 1968
und das Erstarken der Arbeiterbewegung drängten die Verteidiger des Nationalsozialismus in die Defensive. Mit der Bildungs-
reform kamen schließlich erstmalig zahlreiche Arbeiterkinder
an die Universitäten, die den Standesdünkel nachhaltig unter-
gruben. Außerdem erlegte die Existenz der Sowjetunion und die
Teilung Deutschlands den Revanchisten und Nationalisten enge
Grenzen auf.

Noch in den 1980er Jahren lösten die Versuche Ernst Noltes
und anderer rechter Historiker, die alten Nazi-Mythen von
einem Defensivkrieg wiederzubeleben, einen Sturm der Entrüstung aus und entfachten 1986 den »Historikerstreit«. Doch mit
dem Zusammenbruch der Sowjetunion, der Wiedervereinigung
Deutschlands und der Bereicherungsorgie der 1990er Jahre sollte
sich die Stimmung unter den Geisteseliten drehen. Die ehemals
liberalen und linken Intellektuellen strichen die Segel oder wech-
selten die Seite, die Militaristen, Neonazis und Faschisten wit-
terten Morgenluft. Die Veröffentlichung des »Schwarzbuchs des
Kommunismus« 1997 durch den ehemaligen Maoisten Stéphane
Courtois und die Schließung der Wehrmachtsausstellung durch
den Hamburger Mäzen Jan Philipp Reemtsma zwei Jahre später
waren Meilensteine dieser Entwicklung. Reemtsma hatte die
Ausstellung, die die Verbrechen der Wehrmacht dokumentierte,
erst mit seinem Hamburger Institut für Sozialforschung finanziert, um sie dann auf der Grundlage völlig haltloser Vorwürfe
des Geschichtsrevisionisten Bogdan Musial wieder zu schlie-
ßen.[6]

Einer der Protagonisten des Historikerstreits, Jürgen Habermas, hatte schon in den 1980er Jahren nur schwache Argumente

gegen Nolte gefunden. Seither ist er kontinuierlich nach rechts gegangen. 1998 rechtfertigte er den ersten deutschen Kriegseinsatz seit dem Zweiten Weltkrieg mit dem Argument, aufgrund seiner Geschichte habe Deutschland die Pflicht, gegen Serbien Krieg zu führen.[7]

Hans-Ulrich Wehler, der den Historikerstreit angestoßen und einige wertvolle historische Argumente gegen Nolte geliefert hatte, starb im Juli 2014 als Verteidiger Thilo Sarrazins und dessen fremdenfeindlicher und rassistischer Thesen. Hans Mommsen, der in den 1980er Jahren noch den grundlegenden Unterschied zwischen der stalinistischen Sowjetunion und dem nationalsozialistischen Deutschland aufgezeigt hatte, schrieb das Vorwort für ein revisionistisches Werk von Baberowski und Doering-Manteuffel, das er nachdrücklich lobte.[8]

So entstand ein von Prinzipienlosigkeit geprägtes geistiges Klima, das den Rechten das Feld überließ. Der Fall Baberowski zeigt, wie weit die deutsche Professorenschaft heruntergekommen ist. Sie verspürt keine Hemmungen mehr, zu ihren dunkelsten Traditionen zurückzukehren.

Angriff auf kritische Studierende

Die Professoren des Instituts für Geschichtswissenschaften an der Humboldt-Universität sahen keinen Grund, sich von Baberowskis Einladung des Geschichtsfälschers Robert Service, seinen beschönigenden Worten über Hitler, seiner Leugnung des geplanten Vernichtungskriegs oder seiner Hetze gegen Flüchtlinge zu distanzieren. Sie wurden erst aktiv, als die IYSSE Baberowskis rechte Standpunkte im Internet, auf Flugblättern und auf Veranstaltungen dokumentierten und kritisierten. Nun griffen sie die IYSSE vehement an.

In einem offiziellen Statement des Instituts für Geschichtswissenschaften an der Humboldt-Universität vom November 2014 wirft Peter Burschel der SGP und den IYSSE vor, sie würden Baberowski als »›rechten‹ Historiker« diffamieren! Dies gehe weit über den »Rahmen einer legitimen Auseinandersetzung« hinaus und stelle einen Übergriff »auf die grundgesetzlich geschützte Freiheit der Lehre« dar. Das Statement endet mit dem Aufruf an »Lehrende und Studierende der Humboldt-Universität«, den IYSSE entgegenzutreten, und bedauert, dass diese Räume an der Universität erhalten.[9]

Auch die Erklärung des damaligen Präsidenten der Humboldt-Universität, Jan-Hendrik Olbertz, die wir schon weiter oben zitiert haben,[10] wurde von Mitgliedern des Instituts für Geschichtswissenschaften unterzeichnet, darunter die Professoren Hannes Grandits, Michael Wildt, Johannes Helmrath und Thomas Sandkühler, die sich in der Folge noch öfter als Verteidiger Baberowskis zu Wort melden sollten. Die Unterzeichner erklärten dem rechtsradikalen Professor ihre Solidarität und verwahrten sich »auf das Schärfste gegen den Versuch, die Integrität Jörg Baberowskis in Frage zu stellen«. Den IYSSE warfen sie »übelste Diffamierungen« und eine »Rufmordkampagne« vor, weil sie Baberowski bezichtigt hätten, »Hitler zu rehabilitieren« und die »Verbrechen des Zweiten Weltkrieges zu verharmlosen«.[11]

Die Absurdität der Behauptung, ein Professor werde in seiner Meinungsfreiheit eingeschränkt, wenn ihn Studenten kritisieren, und nicht die Meinungsfreiheit der Studenten unterdrückt, wenn der Lehrkörper drohende Aufrufe gegen sie veröffentlicht,

haben wir bereits weiter oben ausführlich dargelegt. Der Vorwurf, die IYSSE hätten Baberowskis Zitate aus ihrem Zusammenhang gerissen, ist mittlerweile höchstrichterlich widerlegt
worden. Ebenso die Behauptung, bei dem medial überrepräsen-
tierten, extrem ausfälligen Ideologen handle es sich um einen im
Elfenbeinturm der Wissenschaft tätigen Gelehrten.

Bemerkenswert ist das unterirdische Niveau, auf dem einige
Professoren die eigenen Studierenden attackieren. Keiner der
Verteidiger Baberowskis hat die Argumente der IYSSE beantwortet und versucht, sie zu widerlegen. Auch als die SGP und die
IYSSE ihre Kritik an Münkler und Baberowski im Buch »Wissenschaft oder Kriegspropaganda?«[12] minutiös belegten, gab es
keine Auseinandersetzung damit. Stattdessen griffen die Professoren zu immer neuen Beleidigungen.

Professor Thomas Sandkühler, der am Geschichtsinstitut der
Humboldt-Universität Fachdidaktik lehrt, veröffentlichte auf
den Moodle-Seiten seiner Kurse, die eigentlich für fachliche
Informationen gedacht sind, wütende Statements gegen die
IYSSE. Er beleidigte sie als »Rattenfänger« und behauptete, ein
Anti-Kriegs-Flyer, den sie zu Semesterbeginn verteilt hatten, sei
»eine Ansammlung von Unverschämtheiten, Unterstellungen
und Verdrehungen, die allesamt dazu dienen sollen, Professor
Baberowski mundtot zu machen«. Weiter warf er den IYSSE eine
»Rufmordkampagne« vor. Für diese Verleumdungen liefert er
keinen einzigen Beleg. Schließlich behauptete er fälschlicherweise, die IYSSE seien keine »studentische Organisation«. Tatsächlich hatten sie zu diesem Zeitpunkt vier gewählte Abgeord-
nete im Studierendenparlament der HU, von denen zwei an
Sandkühlers Institut studierten – was er sehr wohl wusste. Die
falschen Anschuldigungen sollten Studierende einschüchtern

und davon abhalten, sich mit den Inhalten der IYSSE vertraut zu machen.

Die IYSSE beantworteten Sandkühlers Beleidigungen mit einem ausführlichen, sachlichen Brief, in dem sie noch einmal im Einzelnen nachwiesen, wie Baberowski gegen Flüchtlinge hetzt, Gewalt rechtfertigt und vor allem die Verbrechen der Nazis verharmlost.[13] In diesem Brief wurde anerkannt, dass Sandkühler kein Parteigänger der extremen Rechten ist und andere Standpunkte als Baberowski vertritt. In seiner Hitler-Biografie für Jugendliche bezeichnet Sandkühler Hitlers Politik als »nicht nur grausam, sondern auch bodenlos feige«.[14] Er stellt auch fest, dass die »Grundzüge des Raub- und Vernichtungskrieges« schon im Frühjahr 1941 feststanden.[15] Noch im Jahr 2000 hatte er Ernst Nolte kritisiert und erklärt, »dass er sich selbst durch sein Festhalten an relativierenden Aussagen über den Nationalsozialismus ausgegrenzt hat, die jeglicher empirischen Grundlage entbehren«.[16]

Umso schwerer wiegt Sandkühlers schäbiges Vorgehen gegen die IYSSE. Der Professor antwortete nur mit wenigen Sätzen auf ihren seitenlangen Brief: »Ich habe keine Veranlassung, Ihrem Verlangen zu folgen, meine Stellungnahme zu tilgen. Dass Sie die als ›schäbig‹ empfinden, ist Ihr Problem. Ihre Kampagne ist mir widerwärtig; Ihr Vorgehen ist unverschämt, Punkt«, schrieb Sandkühler. Die IYSSE antworteten:

Die Antwort von Prof. Sandkühler ist ein intellektuelles Armutszeugnis und spricht Bände über den Zustand des Instituts für Geschichtswissenschaften an der Humboldt-Universität. Als Studierende des Instituts und gewählte Studierendenvertreter haben wir gegen einen beleidigenden Aufruf protestiert, haarsträubende Lügen über die IYSSE widerlegt und vor allem sehr ernste historische und politische Fragen aufgeworfen. Auf sechs Seiten haben wir ausführlich dargelegt und dokumentiert, wie Herr Baberowski Nazi-Verbrechen verharmlost und gegen Flüchtlinge hetzt.

Herr Sandkühler sah sich außerstande, auch nur auf eine dieser Fragen inhaltlich einzugehen, auch nur eines unserer Argumente zu entkräften. Er hielt es nicht einmal für nötig, sich für seine offensichtlichen Lügen zu entschuldigen. Das ist nicht nur erbärmlich, sondern zeugt auch von einer autoritären Gesinnung.

Der Brief offenbart eine tiefe Verachtung für demokratische Grundsätze und eine freie Universität. Herr Sandkühler nimmt sich als Professor das Recht heraus, die offizielle Lernplattform der Universität für Beleidigungen und Lügen gegen kritische Studierende des eigenen Instituts zu nutzen. Wenn diese Studierenden ihn deshalb zur Rede stellen und ihre Kritik ausführlich begründen, bezeichnet er dieses »Vorgehen« als »unverschämt, Punkt«. Ist es jetzt wieder »unverschämt«, extrem rechte Positionen von Professoren zu kritisieren? Reicht als Antwort auf Studierende wieder ein »Punkt«?[17]

Schließlich merkten die IYSSE an, dass eine derartige obrigkeitshörige Haltung die Integration der Universitäten in die Maschinerie des Ersten Weltkriegs und des Nationalsozialismus ermöglicht hatte. Auch in diesem Fall bezog kein einziger Professor kritisch Stellung zu Sandkühler oder zu Baberowski.

Wissenschaft und Politik

Zwei weitere Professoren, die sowohl das Burschel-Statement als auch die Erklärung von Olbertz unterstützten, sind Michael Wildt und Hannes Grandits. Wildt lehrt deutsche Geschichte, hat wichtige Studien zum Nationalsozialismus verfasst und sich auch immer wieder kritisch zu aktuellen rechten Bewegungen geäußert. In seinem 2017 erschienenen Aufsatz »Volk, Volksgemeinschaft, AfD« stellt er zusammenfassend fest: »Wer daher nach 1945 wie die AfD und andere rechte Gruppierungen immer noch mit der ›Volksgemeinschaft‹ hantiert, befindet sich stets in der geistigen Nähe des Nationalsozialismus«.[18] Grandits lehrt südosteuropäische Geschichte an der HU.

Nachdem Wildt und Grandits der IYSSE in den Statements »Rufmord« und »Diffamierung« vorgeworfen und Studierende aufgerufen hatten, ihnen entgegenzutreten, kamen sie am 6. Januar 2016 zu einer öffentlichen Versammlung der trotzkistischen Studierendengruppe in den Räumen der Humboldt-Universität. Thema der Veranstaltung war Baberowskis damals neu erschienenes Buch »Räume der Gewalt«. Der Autor dieser Zeilen wies in einem ausführlichen Vortrag nach, wie Baberowski soziale Ungleichheit und Unterdrückung rechtfertigt und an die antidemokratischen Traditionen der nationalkonservativen Theoretiker der Weimarer Republik anknüpft.[19] Nach dem Vortrag forderte ein Studierender die beiden Professoren auf, Stellung zu diesen rechten Positionen zu beziehen, die an ihrem eigenen Institut verbreitet würden.

Beide Professoren sprachen mehrfach und ausführlich, aber sie weigerten sich trotz wiederholter Nachfrage, zu den aufgeworfenen Fragen Stellung zu nehmen. Auch als ein Teilnehmer

Die Veranstaltung im Januar 2016, an der Wildt und Grandits teilnahmen

sie direkt fragte, wie sie zur Behauptung stünden, Hitler sei nicht grausam gewesen und der Vernichtungskrieg sei den Nazis aufgezwungen worden, schwiegen die Professoren. Stattdessen versuchten sie, Baberowskis Buch als wissenschaftliche Arbeit darzustellen, die weder Bezüge zum konservativen Denken noch zu aktuellen politischen Fragen habe.

»Ich finde auch, dass Sie das Buch vor allem in einem politischen Zusammenhang interpretiert haben und ausblenden, dass es eine wissenschaftliche Diskussion um Gewalt gibt,« erklärte etwa Wildt. »Das Buch politisch zu lesen und mit einer politischen Argumentation zusammen für Kriegstreiberei anzusehen, das kann ich in dem Buch nicht erkennen.« Ohne auf ein einziges der angeführten Zitate einzugehen, behauptete er auch, er könne keine Argumentation für einen Polizeistaat erkennen. Es gehe lediglich um eine wissenschaftliche Debatte über die Ursachen von Gewalt.

In der Diskussion gingen viele Teilnehmer auf Wildts Argumentation ein. Sie betonten, dass sich gerade in Deutschland

jeder Geisteswissenschaftler der politischen Dimensionen seiner Standpunkte bewusst sein müsse. Baberowskis Werk, das
jeder wissenschaftlichen Methodik entbehre, könne man nicht
von seiner politischen Agenda trennen. Baberowski selbst hatte
das wiederholt deutlich gemacht und »Räume der Gewalt« von
Anfang an als einen explizit politischen Beitrag verstanden.
Bereits das erste Interview zur Vorstellung seines Buches in der
F. A. Z. hatte er genutzt, um gegen Flüchtlinge zu hetzen.[20] In
späteren Interviews zu »Räume der Gewalt« forderte er unter
anderem, die Terroristen »Auge um Auge und Zahn um Zahn«
zu bekämpfen, und kritisierte die Bundeskanzlerin für ihr
angeblich zu »weinerliches« und lasches Vorgehen gegen
Flüchtlinge.[21]

Wenige Tage nach der Veranstaltung wies Alan Posener in der
Welt auf den engen Zusammenhang zwischen Baberowskis
Gewalttheorie und seiner Relativierung der Nazi-Verbrechen
hin. Er stützte sich dabei auf die gleichen Zitate aus »Räume der
Gewalt«, die schon in dem Vortrag an der HU angeführt worden
waren.

»Als sie [die deutschen Soldaten] dann ›in einen mörderi-
schen Krieg gegen Partisanen verwickelt‹ wurden, hatten sie
›keine Wahl, als sich auf die Kampfesweise der Partisanen einzu-
stellen‹«, zitiert Posener und kommentiert: »Könnte es sein, dass
Ursache und Wirkung, Vernichtungs- und Partisanenkrieg
durcheinandergeraten? Es gab eine Zeit, da wäre eine solche Verniedlichung der Rolle des Antisemitismus beim Holocaust in
Deutschland ein Skandal gewesen. Das Land ist intellektuell derart auf den Hund gekommen, dass Baberowski bejubelt wird.«[22]

Damit hatte Posener den Finger auf die Wunde gelegt, die in
den Beiträgen der Professoren auf der IYSSE-Veranstaltung so

offen sichtbar geworden war. Im Historikerstreit war der Zusammenhang zwischen dumm-reaktionären Gewalttheorien, wie jener Baberowskis, und der Relativierung der Nazi-Verbrechen noch lebhaft diskutiert worden. So schrieb der Historiker Hans Mommsen 1986 in den *Blättern für deutsche und internationale Politik*, die Revisionisten bezögen sich auf eine »conditio humana«, eine gewalttätige menschliche Grundbedingung, »um denjenigen, die aus der nationalsozialistischen Erfahrung die Verpflichtung ziehen, die gesellschaftlichen Grundlagen, die zur Ermöglichung des ›Holocaust‹ beitrugen, zu verändern, als realitätsferne ›Optimisten‹ zu klassifizieren, während realistische Denker sich mit der Einsicht begnügen, ›daß der Genozid, den er [Hitler] ins Werk setzte, nicht der erste war und auch nicht der letzte‹, als ob nach der Erfahrung des nachgerade unbegreiflichen Grauens zur weltgeschichtlichen Tagesordnung übergegangen werden könne«.[23]

Diese Einsichten sind heute selbst Professoren fremd, die sich, wie Wildt, noch kritisch mit der nationalsozialistischen Vergangenheit auseinandersetzen. Noch deutlicher zeigten dies die Argumente von Hannes Grandits, der Baberowski mit der Begründung verteidigte, man müsse das Buch nicht politisch, sondern wissenschaftlich lesen. Er griff den Referenten insbesondere an, weil er Baberowski mit den konservativen Autoren der Weimarer Republik, wie Carl Schmitt oder Arthur Moeller van den Bruck, in Zusammenhang gebracht hatte. Keiner der Namen tauche im Register des Buches von Baberowski auf und deshalb könne es keine Verbindung geben, behauptete Grandits.

Baberowski selbst ließ derweil keinen Zweifel daran, in welcher Tradition er steht. Wie bereits berichtet, hielt er wenig später einen Vortrag zu Ehren von Carl Schmitt, auf dessen anti-

demokratische Konzeptionen er sich ausdrücklich berief. Im Juli
2017 bezog er sich dann auch positiv auf das Konservativismus-
konzept von Armin Mohler, der sich in der Nachkriegszeit
bemüht hatte, Schmitt, van den Bruck und andere Autoren als
Denker einer »Konservativen Revolution« zu rehabilitieren.[24]

Zum Abschluss der IYSSE-Veranstaltung an der Humboldt-Universität erklärte der Referent zu den aufgekommenen
Positionen:

> Ich fand den heutigen Abend hochinteressant. Es ist sichtbar
> geworden, was ich in meinem Beitrag klarmachen wollte:
> Wenn man gegen Krieg kämpfen will, wenn man gegen die
> soziale Ungleichheit kämpfen will, wenn man für eine Zukunft
> kämpfen will, wenn man Arbeitslosigkeit, Krieg und Diktatur
> nicht akzeptieren will, dann braucht man eine sozialistische
> Perspektive. Dann dürfen wir uns nicht auf die Professoren-
> schaft stützen, die nur noch mit Nebelkerzen und abstrakten
> Begriffen hantiert, sondern dann müssen wir uns auf die
> Arbeiterklasse orientieren. Sie ist die gesellschaftliche Kraft,
> die eine Veränderung schaffen kann. Aber dazu müssen wir
> diese ideologischen Auseinandersetzungen führen, und zwar
> auf dem höchsten theoretischen Niveau. Dann müssen wir
> uns mit den Professoren und ihrer Unwissenschaftlichkeit
> auseinandersetzen. Dann müssen wir aufzeigen, was sie für
> eine Agenda verfolgen und sich dann hinter leeren Begriffen
> verstecken.

Das bestätigte sich, als Wildt und Grandits auch das nächste
Statement gegen die IYSSE unterzeichneten, das HU-Präsiden-
tin Sabine Kunst 2017 verfasste. Es brachte die IYSSE mit »Gewalt

und Extremismus« in Verbindung und erklärte, es sei »inakzeptabel«, Baberowski medial anzugreifen. Auf der Versammlung hatten Wildt und Grandits noch erklärt, sie würden das Recht der IYSSE verteidigen, die politischen und akademischen Standpunkte Baberowskis zu kritisieren und Veranstaltungen zu diesem Thema an der HU abzuhalten.

Im Oktober des gleichen Jahres veranstalteten Wildt und Baberowski eine gemeinsame Konferenz unter dem Titel »Diktaturen als alternative Ordnungen«, auf der unter anderem über die Vorzüge diktatorischer Regimes diskutiert wurde. Sie diente als Auftakt für einen »interdisziplinären Verbund für vergleichende Diktaturforschung« der beiden Professoren. Auf der Konferenz argumentierte Baberowski wiederum mit Carl Schmitt und erklärte, dass Demokratie nicht das »einzige richtige Modell« sei. Wildt gab der Diktaturen-Konferenz einen liberalen Deckmantel, indem er diese Aussage leicht kritisierte und den Rekurs auf Schmitt problematisierte, weil dieser »viel zu sehr beschreibend Beteiligter als Analytiker« gewesen sei.

Die ideologischen Grundlagen

Das fehlende Rückgrat der Professoren bedingt sich wechselseitig mit den irrationalistischen und postmodernen Theorien, die an den Universitäten spätestens seit dem Zusammenbruch der Sowjetunion immer dominanter wurden. Die Ablehnung objektiver wissenschaftlicher Standards und des Strebens nach Wahrheit hat die geistigen Abwehrkräfte gegen Geschichtsfälschung untergraben und rechten Ideologien den Boden bereitet. In einem Vortrag, den er im März 2015 im Rahmen der Leipziger

Buchmesse hielt, fasste David North den reaktionären Kern
postmodernen Denkens treffend zusammen:

> In unserer Zeit, die von enormen gesellschaftlichen Wider-
> sprüchen geprägt ist, wird die Suche nach der historischen
> Wahrheit durch rückschrittliche, äußerst gefährliche Strö-
> mungen des bürgerlichen Geisteslebens erschwert. Lügen
> über Geschichte und Politik gab es auch schon vor dem zwan-
> zigsten Jahrhundert. Aber erst seit einigen Jahrzehnten, seit
> sich die Postmoderne an den Universitäten weltweit mehr
> und mehr durchsetzt, wird derart gezielt daran gearbeitet, die
> Unterscheidung zwischen Wahrheit und Lüge aufzuheben
> und damit die Fälschung der Geschichte philosophisch zu
> legitimieren [...] In theoretischer Hinsicht beruht sie [die
> Postmoderne] auf einem subjektiven, idealistischen Irrationa-
> lismus. In politischer Hinsicht ist sie durch Feindschaft gegen
> den Sozialismus motiviert. In gesellschaftlicher Hinsicht wur-
> zelt sie in den materiellen Interessen der herrschenden Klasse
> und wohlhabender Teile der Mittelschicht.[25]

Wurden die Theorien der Postmoderne zunächst noch mit einem
liberalen, oft antitotalitären Anspruch vertreten, tritt mit der
Verschärfung der gesellschaftlichen Spannungen ihr reaktionä-
rer Kern immer offener zutage. Es ist kein Zufall, dass Jörg Baberowski in Deutschland zu den wichtigsten Vertretern einer postmodernen Geschichtstheorie zählt. Er stützt sich dabei auf die
irrationalistischen Positionen Michel Foucaults, Martin Heideg-
gers und Hans-Georg Gadamers und treibt diese auf die Spitze.
»Denn es gibt keine Wirklichkeit jenseits des Bewusstseins, das
sie produziert«, schreibt Baberowski. »Wir müssen uns von der

Die Veranstaltung mit David North im März 2015 an der Universität Leipzig

Vorstellung befreien, man könne durch die Rekonstruktion der in den Dokumenten vermittelten Ereignisse erfahren, wie die russische Revolution wirklich gewesen ist.«[26] Und weiter heißt es bei ihm:

> Aber die Existenz von Sachverhalten ist an Beobachtungen gebunden und sie erweist sich als wahr, wenn andere bestätigen, was man selbst beobachtet hat. Wahrheiten beruhen auf Vereinbarungen zwischen Menschen ... Was »objektives Wissen« genannt wird, ist bei Lichte besehen nichts weiter als ein intersubjektives Wissen, das auf Hypothesen beruht. Wahrheit ist, was ich und andere für wahr halten und einander als Wahrheit bestätigen.[27]

Wenn sich also die Holocaustleugner Günter Deckert und Horst Mahler darüber verständigen, dass es Auschwitz nie gegeben hat, ist das eine Wahrheit, die gleichwertig neben anderen steht. In einem Text von 2014 verneint Baberowski gar jede Kausalbeziehung zwischen Ereignissen:

> Man könne das Geschehen der Gegenwart nur historisch erklären. Diesen Satz halten nicht nur Historiker für wahr. Er ist uns zur Selbstverständlichkeit geworden. Aber das Geschehen in der Vergangenheit ist nicht die Quelle für das Handeln der Nachkommen. Wir wissen nicht einmal, ob und wie sich ein Ereignis zugetragen hat. Denn das Leben ist keine Aneinanderreihung von Ereignissen, die kausal miteinander verknüpft sind. Es setzt sich aus Augenblicken zusammen.[28]

Ausgehend von dieser irrationalistischen Erkenntnistheorie entwickelt Baberowski dann eine sehr explizite Auffassung davon, was die Aufgabe der Geschichtswissenschaft sei: »Die Wissenschaft kann nichts anderes leisten, als dem Dargestellten Plausibilität und innere Konsistenz zu verleihen. Die Wissenschaftlichkeit der Geschichte besteht darin, dass sie die Prämissen erfüllt, die sie sich selbst gesetzt hat ...«[29]

Offener kann man eine ideologische Herangehensweise an einen Gegenstand kaum formulieren. Das wissenschaftliche Instrumentarium dient hiernach nicht dazu, Sachverhalte durch eine kritische Analyse aufzuklären, sondern dazu, dem bereits Dargestellten Plausibilität zu verleihen. Ob es eine Lüge ist, die plausibel erscheinen soll, ist für Baberowski irrelevant. Wichtig ist nur, dass der Autor seinen eigenen Prämissen entspricht. North hat diese Ideologie der Lüge in seinem Leipziger Vortrag vom Frühjahr 2015 als Ausdruck des Niedergangs der kapitalistischen Gesellschaft begriffen:

Im Laufe des zwanzigsten Jahrhunderts entwickelte sich die
»Große Lüge« zu einem verbreiteten Instrument der Massen-
politik. Sie wurde von der politischen Reaktion eingesetzt, um
die Menschen zu desorientieren, ihre Kritikfähigkeit zu untergraben und ihre Widerstandskraft zu schwächen. Der Kampf
gegen die »Große Lüge«, die heute die Form einer systematischen Fälschung der Geschichte des zwanzigsten Jahrhunderts
annimmt, ist ein wichtiger Bestandteil des fortschrittlichen
Kampfs, mit dem die Menschheit zunehmend gegen den von
Krisen gebeutelten Kapitalismus angeht. Dieses System ist auf
der Ebene der Philosophie ebenso bankrott wie auf der Ebene
von Wirtschaft und Politik. Ein System, dessen Fortbestand
von Lügen abhängt, ist zum Untergang verurteilt.[30]

Offensive der Rechten

In diesem Sinne drückt sich die Hinwendung der herrschenden
Klasse zu Krieg und Diktatur in irrationalistischen und rechten
Ideologien an der Universität aus. Baberowski ist dabei zwar eine
zentrale Figur, aber keineswegs ein Einzelfall.

Der Leipziger Professor für internationales Privatrecht, Thomas Rauscher, verbreitet regelmäßig rassistische und fremden-
feindliche Parolen auf Twitter. So schrieb er am 11. Januar 2016:
»Es fügt sich nicht, was nicht zusammengehört. Europa den
Europäern. Afrika den Afrikanern. Arabien den Arabern.« Zwölf
Tage zuvor hatte er zum Kulturkampf gegen dunkelhäutige
Menschen aufgerufen: »Es ist natürlich, sich zu wehren, wenn
die eigene Kultur untergeht. Die ›Angst des weißen Mannes‹
sollte wehrhaft werden!« Im November 2017 erklärte er in Bezug

auf einen rechtsextremen Aufmarsch in Polen: »›Ein weißes
Europa brüderlicher Nationen‹. Für mich ist das ein wunder-
bares Ziel!«

Die Studierenden protestierten auf das Schärfste gegen den
Rechtsextremisten. Auf dem Campus versammelten sich Tausende zu einer Protestkundgebung, 18 000 unterschrieben eine
Petition, die den Rücktritt des rechtsextremen Professors forderte.

Regierung und Universität stellten sich dagegen hinter Rauscher und erklärten seine Hetze zur geschützten Meinungsäußerung. Eine Prüfung habe ergeben, dass die verbreiteten Äußerungen vom grundgesetzlich geschützten Recht auf Meinungsfreiheit gedeckt seien, erklärte der Sprecher des SPD-geführten
Sächsischen Staatsministeriums für Wissenschaft und Kunst
(SMWK), Andreas Friedrich. Die Leitung der Universität Leipzig
stellte klar, dass sie den Kurs der schwarz-roten Landesregierung
unterstützt: »Meinungsfreiheit müssen wir als weltoffene Hochschule hochhalten, auch wenn uns die Meinungen nicht passen.
Aber wo hört Meinungsfreiheit auf und wo fängt Menschen-
feindlichkeit an? Diese Grenze ist schwer zu finden«, erklärte die
Hochschulkanzlerin Birgit Dräger.[31]

Auch Professor Werner Patzelt, der Politikwissenschaften an
der Technischen Universität Dresden lehrt, hat von der Universitätsleitung nichts zu befürchten. Er verteidigt regelmäßig die
Teilnehmer rechtsextremer Pegida-Kundgebungen und greift
Gegendemonstranten an. Diese seien »hysterisch« und betrie-
ben »Feindbildpflege«, so der Professor. »Herr Patzelt ist in der
gesamten Pegida-Debatte mehr politischer Akteur denn Wissenschaftler«, schrieben Studierende in einem Flugblatt, das sie im
Januar 2015 auf dem Campus der Universität verteilten.

Der Bundestagsabgeordnete der AfD, Marc Jongen, war bis zu seiner Wahl im September 2017 Dozent an der Staatlichen Hochschule für Gestaltung (HfG) Karlsruhe und arbeitet – gestützt auf Friedrich Nietzsche, Martin Heidegger und Carl Schmitt – an einer philosophischen Grundlegung für die rechtsextreme Partei. Auch gegen ihn gab es massenhafte Proteste, ohne dass dies Konsequenzen gehabt hätte.

Wie Baberowski können sich die übrigen Professoren darauf verlassen, dass sie von den höchsten Stellen gedeckt werden. In der Professorenschaft regt sich kaum Widerstand dagegen, dafür umso mehr unter Studierenden.

Das Kartell der Bundestagsparteien

Der allgemeine Rechtsruck der herrschenden Eliten findet seinen deutlichsten Ausdruck in den Bundestagsparteien. Die Große Koalition kann sich bei der Umsetzung ihrer AfD-Politik auf eine loyale Opposition verlassen. So wie sich selbst vormals liberale oder linke Akademiker und Journalisten wegducken oder hinter die rechte Propaganda stellen, gibt es auch unter den Mitgliedern und Funktionären der etablierten Parteien keine Opposition gegen den Rechtsruck.

Verteidigung der Geschichtsfälschung

In den vorangegangen Kapiteln wurde bereits dargestellt, wie Vertreter sämtlicher im Bundestag vertretenen Parteien in die Geschichtsfälschung und Verbreitung rechter Ideologie an der Humboldt-Universität involviert sind. Münkler war in seiner Jugend Mitglied der Jusos und berät noch heute SPD-Politiker. Baberowski konnte sich sowohl auf den CDU-Politiker Jan-Hendrik Olbertz wie auch auf dessen Nachfolgerin als Präsidentin der HU, die SPD-Politikerin Sabine Kunst, verlassen. Auch der rot-rot-grüne Berliner Senat unternahm nichts gegen den Geschichtsrevisionismus und die Angriffe auf demokratische Rechte an der HU.

Die AfD agitiert offen gegen kritische Studenten. Am 17. Mai 2018 stellte die AfD-Fraktion im Bundestag eine kleine Anfrage an die Bundesregierung, in der sie unter anderem auf die studen-

tische Kritik an Münkler und Baberowski verwies.[1] Auf ihre
Frage, ob die Bundesregierung in diesem Zusammenhang eine
»Bedrohung der Wissenschaftsfreiheit« sehe, antwortete diese
zwar negativ, machte aber auch klar, dass sie die Positionen der
rechten Professoren verteidigt.[2]

Auch Teile der Linken und der Grünen stellen sich hinter die
rechten Professoren. Neben der *taz*, dem Hausorgan der Grünen, verteidigte auch die Parteizeitung der Linken, *Neues
Deutschland*, mehrfach Baberowski. Die Zeitung verfasste eine
Lobeshymne auf sein Werk »Verbrannte Erde«, in der sie den
rechtsextremen Professor als »Tiefblicker in endlich geöffnete
Archive« bezeichnet, der die »verbrecherisch ausgerichtete Psyche« Stalins aufgedeckt habe.[3] Die revisionistischen Positionen
Baberowskis werden in dem Artikel nicht einmal erwähnt. Das
Gleiche gilt für Besprechungen des Buches durch die Rosa-Luxemburg-Stiftung und die Bundestagsabgeordnete Halina Waw-
zyniak.[4]

Evrim Sommer, die mittlerweile ebenfalls für die Linkspartei
im Bundestag sitzt, lud Baberowski im Mai 2015 zu einer Diskussion in ihren damaligen Berliner Wahlkreis in Lichtenberg
ein und schloss jeden aus der Versammlung aus, der verdächtigt
wurde, kritische Fragen zu stellen. Sie selbst stellte sich explizit
hinter Baberowski und attackierte die kritischen Studierenden
der Humboldt-Universität.

Auch sämtliche parteinahen Stiftungen haben schon mit
Baberowski und anderen rechtsradikalen Professoren zusam-
mengearbeitet, sie auf Kongresse eingeladen oder ihre Publikationen gefeiert.

Rechtsruck aller Parteien

Diese Unterstützung für rechte Ideologie und Geschichtsfälschung ist Bestandteil des politischen Rechtsrucks aller Parteien. Die AfD kann nur deshalb so aggressiv auftreten und die Große Koalition deren Politik nur deshalb geräuschlos in die Tat umsetzen, weil es keine echte Opposition im Bundestag gibt. Die weitverbreitete Ablehnung von Faschismus und Krieg findet im Bundestag keinen Ausdruck.

Die Grünen, eine Partei der wohlhabenden Mittelschichten, sind bereit, das Land gemeinsam mit CDU und FDP zu regieren. Nach der Bundestagswahl kam die bereits vereinbarte Jamaika-Koalition lediglich wegen der Absage der FDP nicht zustande. In Baden-Württemberg, Hessen, Schleswig-Holstein und Sachsen-Anhalt regieren die Grünen bereits im Bündnis mit der CDU und betreiben eine aggressive Politik der Staatsaufrüstung und Fremdenfeindlichkeit. Wenn es um die Rechtfertigung brutaler Kriegseinsätze unter dem Vorwand von Menschenrechten geht, lassen sich die einstigen Pazifisten von niemandem übertreffen. 1998 ebneten sie mit dem Eintritt in die rot-grüne Bundesregierung den Weg für den ersten Kriegseinsatz der Bundeswehr in Jugoslawien. Sowohl im Libyenkrieg als auch im Syrienkonflikt traten sie für eine militärische Beteiligung Deutschlands ein. 2014 unterstützten sie aktiv den Maidan-Putsch in der Ukraine und warfen der Regierung vor, sie gehe nicht hart genug gegen Russland vor.

Die Grünen befürworten die Europäische Union, den Aufbau einer Europäischen Armee und die Europapläne des französischen Präsidenten Emmanuel Macron, der seine »europäische Vision« mithilfe des Ausnahmezustands und drastischer Arbeits-

marktreformen verwirklicht. Sie zählen zu den lautesten Unter-
stützern von Zensurmaßnahmen, die unter dem Vorwand des
Kampfs gegen »Fake News« die freie Meinungsäußerung im
Internet unterdrücken.

Angesichts wachsender internationaler und sozialer Spannungen rücken die Grünen und das wohlhabende städtische
Kleinbürgertum, das sie vertreten, enger an den Staat, um ihre
privilegierte Stellung zu verteidigen. Im Mai sprach sich der ehemalige grüne Außenminister Joschka Fischer für eine massive
militärische Aufrüstung Deutschlands aus. »Es geht um uns: Seit
Jahren investieren wir zu wenig in unsere Sicherheit«, erklärte er
und bezeichnete den Zustand der deutschen Armee als »Armutszeugnis«.[5]

Auch die Linkspartei ist in drei Landesregierungen vertreten
und stellt in Thüringen mit Bodo Ramelow den Ministerpräsi-
denten. Wie die Grünen ist sie an der Aufrechterhaltung und
Verschärfung der repressiven Lager- und Abschiebemaschinerie
für Flüchtlinge beteiligt und setzt rigorose Sozialkürzungen um.
Nirgendwo wurde eine derart brutale Sparpolitik verwirklicht
wie im rot-rot regierten Berlin. Thüringen hatte 2017 bundesweit
die zweithöchste Abschiebequote.

Die Linkspartei ist aus der stalinistischen Staatspartei der
DDR hervorgegangen, die die Arbeiterklasse unterdrückte und
1990 die Restauration des Kapitalismus unterstützte. 2007 fusio-
nierte die Partei mit der WASG, die sich aus ehemaligen Büro-
kraten der SPD und der Gewerkschaften zusammensetzte. Sie
stand den Interessen der Arbeiter immer feindlich gegenüber
und vertritt die Interessen privilegierter Schichten.

Wie die Grünen unterstützt auch die Linke die Rückkehr des
deutschen Militarismus. Bereits im November 2017 hatte sich

Linken-Fraktionschef Dietmar Bartsch hinter eine vielbeachtete außenpolitische Grundsatzrede gestellt, die der damalige sozialdemokratische Außenminister Sigmar Gabriel beim Forum Außenpolitik der Körber-Stiftung in Berlin hielt. Im ARD-Hauptstadtstudio erklärte Bartsch: »Ich begrüße es ausdrücklich, wenn Deutschland einen anderen Kurs in der USA-Politik gehen will. Es ist höchste Zeit, dass das Duckmäusertum gegenüber den Vereinigten Staaten aufhört, dass Deutschland selbstbewusst eine Rolle in der Welt, im europäischen Rahmen, spielen will [...] Also klar und deutlich: Wir unterstützen Sigmar Gabriel und würden uns wünschen, dass das schnell Regierungspolitik wird.«[6]

Ähnlich äußerte sich der Obmann der Linkspartei im Auswärtigen Ausschuss, Stefan Liebich, nachdem Gabriel in einer Rede auf der Münchner Sicherheitskonferenz im Februar 2018 gefordert hatte, Deutschland müsse außenpolitisch zum »Fleischfresser« werden. »Das ist schon lange überfällig, das habe ich ehrlich gesagt und das hat unsere Partei schon vertreten«, sagte Liebich in der Polit-Talkshow »Unter den Linden«.[7]

Im Syrienkrieg war Die Linke von Anfang an Kriegspartei und verteidigte die geostrategischen und wirtschaftlichen Interessen des deutschen Imperialismus. Bereits vor dem offiziellen Beginn des deutschen Kriegseinsatzes im Dezember 2015 unterstützte sie die pro-imperialistische syrische Opposition und machte sich für ein aggressiveres deutsches Eingreifen stark. Im April 2014 hatten mehrere Bundestagsabgeordnete der Linken – darunter auch Bartsch – für die Entsendung einer deutschen Fregatte ins Mittelmeer gestimmt, um syrische Chemiewaffen zu zerstören. Und im Oktober 2014 hatten 14 führende Politiker der Linken einen Aufruf mit dem Titel »Kobane retten!« veröffentlicht, der die Bundesregierung zu einer Militärintervention gegen den Islamischen Staat in Syrien und im Irak aufrief.

Sowohl Grüne als auch Linke fordern eine massive Aufrüstung der Polizei. So erklärte Dietmar Bartsch in einer Diskussionsrunde der kleinen Parteien während dem Bundestagswahlkampf 2017 im ZDF, »die zentrale Frage beim Thema Innere Sicherheit« sei die »der Ausstattung der Polizei«. Seit 1998 seien »insgesamt 18 000 Stellen bei der Polizei gekürzt worden [...] Das ist ein großes Defizit.« Auch die Justiz müsse personell und materiell besser ausgestattet werden und die bestehenden Strafgesetze konsequenter anwenden, so Bartsch. Die Grüne Göring-Eckardt betonte in der gleichen Sendung, sie sei »sehr dafür, dass die Polizei anerkannt wird«, und forderte ebenfalls neue Stellen.[8]

Am deutlichsten wird der Rechtsruck an den fremdenfeindlichen Tendenzen, die in allen Parteien wachsen. Nach den Bundestagswahlen prahlte der grüne Tübinger Bürgermeister Boris Palmer im Deutschlandfunk, dass er für sein flüchtlingsfeindliches Buch »Wir können nicht alle aufnehmen« und andere rechte Thesen viel Zuspruch in seiner Partei erhalte. In der Linkspartei sprach sich die Fraktionschefin im Bundestag, Sahra Wagenknecht, bereits im Januar 2016 gegen das Grundrecht auf Asyl aus und erklärte: »Wer Gastrecht missbraucht, der hat Gastrecht verwirkt.« Das sei eine »ganz klare Position« der Linken.[9] Applaus erhielt sie dafür von AfD-Chef Alexander Gauland.

Wagenknecht hat mittlerweile die #Aufstehen-Kampagne lanciert, die das Ziel verfolgt, einer rot-rot-grünen Regierung zur Mehrheit zu verhelfen, dabei aber auch Mitglieder der CDU und AfD nicht explizit ausschließt. Dazu versucht sie in Manier der Ultrarechten, die Folgen der verheerenden Sozialpolitik, für die auf Länderebene auch die Linke mitverantwortlich ist, den Flüchtlingen in die Schuhe zu schieben. Im Zentrum der Initiative stehen die Hetze gegen Flüchtlinge, das Schüren von Nationalismus und der Ruf nach deutscher Unabhängigkeit. Wagenknecht folgt damit vielen anderen vorgeblich linken Tendenzen, die in wachsendem Maße die Rhetorik der äußersten Rechten übernehmen. In Griechenland hat Syriza in einer Regierungskoalition mit den rechtsradikalen Unabhängigen Griechen Flüchtlingen den Krieg erklärt, zugleich setzt sie mit aller Brutalität das Spardiktat der EU in die Tat um.

Auch die zahlreichen pseudolinken Gruppen, die in und um die Linkspartei aktiv sind, beteiligen sich an diesem Rechtsruck. Der Bundessprecher der Sozialistischen Alternative (SAV), Sascha Stanicic, wies im Juni 2018 explizit die Forderung nach »offenen Grenzen« zurück. Solche könne es »im Rahmen des Kapitalismus nicht geben«, sondern »nur in einer sozialistischen Welt«. Das bedeute, »dass die Formulierung im Sinne einer Forderung wenig hilfreich ist«.[10] Das Marx21-Mitglied Christine Buchholz sitzt im Verteidigungsausschuss des Bundestages und ist damit direkt in den Militarismus integriert. Sowohl SAV als auch Marx21 haben Vertreter im Vorstand der Linkspartei.

Auch die Gewerkschaften unterstützen die rechte Politik der Bundesregierung. DGB-Chef Reiner Hoffmann hatte sich auf dem Sonderparteitag der SPD im Januar 2018 ausdrücklich für die Fortsetzung der Großen Koalition mit CDU und CSU ausgesprochen und sie als »Substanz für Arbeitnehmer« und als »Kracher« bezeichnet.[11] Schon im Februar 2013 trafen sich der damalige DGB-Chef Michael Sommer und die Vorsitzenden aller acht DGB-Mitgliedsgewerkschaften mit dem damaligen Verteidigungsminister Thomas de Maizière (CDU), um den Schulter-

schluss mit der Bundeswehr zu üben. Man habe »viele Berüh-
rungspunkte«, über die man zwischen Gewerkschaftern und Mili-
tärvertretern diskutieren könne, erklärte Sommer im Anschluss.
Man müsse alles tun, »um die Soldaten anständig auszurüsten
und zu schützen«. Des Weiteren hätten »die Soldaten Schutz und
Achtung verdient«.

Mittlerweile wendet sich die Gewerkschaft auch offen der
AfD zu. Am Tag vor dem SPD-Parteitag im Januar hatte der
IG-Metall-Chef in Ostsachsen, Jan Otto, den AfD-Bundestagsabgeordneten Tino Chrupalla auf einer Gewerkschaftsdemons-
tration in Görlitz ausdrücklich willkommen geheißen, weil, wie
er sagte, »alle Parteien hier zusammenstehen«. Otto ist auch
Mitglied des Vorstands der SPD im Landkreis Bautzen. Als die
World Socialist Web Site im März 2017 berichtet hatte, dass die
IG Metall in Görlitz die AfD auf einer Demonstration mitmarschieren ließ, rief Otto noch in der Redaktion an, um die Veröffentlichung des Artikels zu verhindern. Die Gewerkschaft habe
keine Kenntnis der AfD-Aktivität gehabt, behauptete er damals.
Zehn Monate später begrüßte er die Rechtsextremisten offen
vom Rednerpult aus und erklärte, dass sie mit der Gewerkschaft
zusammenstünden. Gegen dieses Vorgehen regte sich in der
Gewerkschaft keinerlei Widerstand.[12]

Die Ausrichtung der Gewerkschaften auf die Große Koalition
und die AfD verdeutlicht den Charakter dieser arbeiterfeindli-
chen Bürokratien, die nichts mehr mit den Interessen der Arbeiter zu tun haben. Die Gewerkschaften sind bereit, die Politik des
Militarismus und die Angriffe auf die sozialen Rechte der Arbeiter mit brutalsten Methoden durchzusetzen.

Staatsapparat
und Verfassungsschutz

Mit dem sinkenden Einfluss der etablierten Parteien, die der verbreiteten Opposition gegen Krieg und Sozialkürzungen keinen Ausdruck verleihen, wachsen die autoritären Tendenzen im Staatsapparat. Es ist kein Zufall, dass die rechten Professoren enge Verbindungen zum Staatsapparat unterhalten.

Jörg Baberowski schrieb für das Militärgeschichtliche Forschungsamt (MGFA), das 2012 im Zentrum für Militärgeschichte und Sozialwissenschaften der Bundeswehr (ZMSBw) aufging, an zwei Publikationen mit, die »als Orientierung im Einsatz« für deutsche Soldaten gedacht sind.[1] Ein Bild auf der Website des MGFA[2] zeigt Baberowski zusammen mit Oberstleutnant Dr. Burkhard Köster. Die beiden stellten im Juni 2009 im Auswärtigen Amt einen Balkan-Band des MGFA vor. Herfried Münkler ist Mitglied der Clausewitz-Gesellschaft, einem militaristischen Verein von aktiven und ehemaligen Offizieren im Generalstabs- und Admiralstabsdienst. Außerdem sitzt er im Beirat der Bundesakademie für Sicherheitspolitik, die direkt dem Bundessicherheitsrat untersteht. Sönke Neitzel ist ebenfalls bei der Clausewitz-Gesellschaft. Er leitet den Bundeswehr-Studiengang »War and Conflict Studies« an der Universität Potsdam.

Der tiefe Staat und der Rechtsextremismus

Polizei, Armee und Geheimdienste sind ihrerseits eng mit der rechtsextremen Szene verquickt. Als im September 2018 marodierende Neonazi-Banden durch Chemnitz zogen, Ausländer jagten, politische Gegner angriffen und ein jüdisches Restaurant überfielen, verharmlosten und rechtfertigten Verfassungsschutzchef Hans-Georg Maaßen und sein Dienstherr, Innenminister Horst Seehofer, den braunen Mob. Seehofer sagte sogar, er wäre mitmarschiert, wenn er nicht Minister wäre.[3]

Die enge Verbindung zwischen Verfassungsschutz und Rechtsextremen ist nicht neu. Sie zieht sich wie ein roter Faden durch die Geschichte des Inlandsgeheimdiensts, der 1950 in der Hochphase des Kalten Kriegs gegründet wurde.

Bereits vor den Ereignissen in Chemnitz waren enge Kontakte Maaßens zur AfD bekannt geworden. Im Juli 2018 berichtete die AfD-Aussteigerin Franziska Schreiber in ihrem Buch »Inside AfD« über Gespräche des Verfassungsschutzchefs mit Frauke Petry, als diese Bundessprecherin der AfD war. Maaßen hatte sich 2015 zweimal mit Petry getroffen, als die AfD noch gar nicht im Bundestag saß. Laut Schreiber gab ihr Maaßen Ratschläge, wie sie eine Beobachtung der AfD durch den Verfassungsschutz vermeiden könne – was Maaßen bestreitet. Inzwischen hat Schreiber eidesstattlich versichert, Petry habe ihr mehrfach gesagt, »dass die AfD Glück habe, mit Hans-Georg Maaßen jemanden als Chef des Bundesamts für Verfassungsschutz zu haben, der der Partei wohlgesonnen sei und daher eine Beobachtung vermeiden wolle«.[4]

Auch Petrys Nachfolger an der AfD-Spitze, Alexander Gauland, hat ein Treffen mit Maaßen bestätigt. Dabei soll es um den

Verdacht gegangen sein, dass es einen »russischen Einflussagen-
ten« in der AfD-Bundestagsfraktion gebe. Maaßen habe ihm versichert, »dass da nichts dran ist«, berichtete Gauland später.
Treffen gab es ferner mit dem AfD-Vorsitzenden des Rechtsausschusses, Stephan Brandner. Dieser gibt an, dass er mit Maaßen
über die Zahl der politischen Gefährder, den Verfassungsschutzbericht und die finanzielle Ausstattung der Behörde gesprochen
habe.

Dass Maaßen nach seiner Verteidigung des braunen Mobs
nicht entlassen, sondern erst befördert und dann als Sonderbe-
rater ins Innenministerium versetzt wurde, war ein deutliches
Signal an alle AfD-Anhänger und Rechtsextremisten im Staatsapparat, dass sie nichts zu befürchten haben. Dabei ist Maaßen
nur die Spitze des Eisbergs.

Schon in der Weimarer Republik hatten Geheimdienst, Polizei und Justiz Sozialisten und Kriegsgegner rücksichtslos verfolgt und die Nazis gestärkt. Musste Hitler 1923 wegen eines
blutigen Putschversuchs neun Monate in Haft, wo er »Mein
Kampf« schrieb, steckte die Justiz den *Weltbühne*-Herausgeber
Carl von Ossietzky wegen Antimilitarismus doppelt so lange ins
Gefängnis. Anschließend wurde er zu Tode gefoltert. Hitler
selbst gelangte 1933 durch eine Verschwörung im Staatsapparat
an die Macht und konnte sich bei seinem Terror gegen Juden
und politische Gegner uneingeschränkt auf diesen verlassen.

Nach der Nazi-Diktatur lebten die alten Seilschaften der SA
und der Gestapo fort. Selbst als der Verfassungsschutz noch
unter der Kontrolle der Alliierten stand, wurden bereits wieder
Dutzende Nazi-Funktionäre als »freie Mitarbeiter« oder in Tarn-
firmen beschäftigt. Ab 1955, als die Kontrolle auf die Bundesregierung überging, wurden die Faschisten direkt eingestellt. Mit

Hubert Schrübbers leitete von 1955 bis 1972 ein ehemaliges
SA-Mitglied und Oberstaatsanwalt unter dem Nazi-Regime die
Behörde.

Die Altnazis setzten ihre Arbeit fort und griffen vor allem Linke
und Vertreter der Arbeiterbewegung an. Im Zuge des KPD-Ver-
bots von 1956 wurden mit Unterstützung des Verfassungsschutzes
Ermittlungsverfahren gegen 125 000 bis 200 000 Personen ein-
geleitet und 7 000 bis 10 000 Kommunisten zu Haft- oder Geld-
strafen verurteilt. Viele der damals Verfolgten waren schon im
Widerstand gegen das Nazi-Regime aktiv gewesen.

Nach dem Radikalenerlass der SPD-geführten Regierung von
Willy Brandt 1972 schnüffelten die Agenten des Geheimdiensts
1,4 Millionen zumeist junge Anwärter für den öffentlichen Dienst
aus. Mehr als tausend jungen Menschen wurde aufgrund der
Denunziationen des Verfassungsschutzes die Ausübung ihres
Berufs verwehrt. Manchmal genügte es, dass ein Spitzel das
Autokennzeichen eines Betroffenen in der Nähe einer linken
Versammlung notierte, um einem Anwärter den Zugang zu
einem öffentlichen Amt zu verwehren.

Der Verfassungsschutz unterhielt dabei immer enge Verbindungen ins rechtsextremistische und rechtsterroristische
Milieu. Schon am 26. September 1980 starben in München
beim Oktoberfestattentat, dem schwersten rechtsterroristischen Anschlag der deutschen Nachkriegsgeschichte, zwölf
Unbeteiligte und der Attentäter Gundolf Köhler; über 200 wurden zum Teil schwer verletzt. Obwohl Indizien und Zeugenaus-
sagen dafür sprachen, dass staatliche Behörden und neonazis-
tische Terrorgruppen involviert waren, verschleierten die
Ermittlungs- und Geheimdienstbehörden die Hintergründe
und Hintermänner des Anschlags. Bis heute weigert sich der

Verfassungsschutz, alle relevanten Akten an die Staatsanwaltschaft zu übergeben.

Bei den Terroranschlägen des Nationalsozialistischen Untergrunds (NSU), der für mindestens zehn Morde verantwortlich ist, waren die Verbindungen zum Staatsapparat und insbesondere dem Verfassungsschutz besonders deutlich. Anwalt Mehmet Daimagüler, der im NSU-Prozess zwei Opfer vertrat, erklärte auf einer Veranstaltung an der Ruhr-Universität Bochum im Mai 2018, dass es sich beim NSU nicht um ein Trio, sondern um einen weiten Komplex gehandelt habe. Die beiden verstorbenen Rechtsterroristen Uwe Mundlos und Uwe Böhnhardt sowie die verurteilte Beate Zschäpe waren, bevor sie 1998 in den Untergrund gingen, in der Neonazi-Organisation »Thüringischer Heimatschutz« (THS) aktiv, die laut Daimagüler um die 160 Mitglieder hatte. »Darunter waren nachweislich 42 V-Leute, allesamt Nazis, teilweise hoch kriminell.«[5]

Dabei gibt das Verhältnis eins zu vier, ein V-Mann auf vier Neonazis, das volle Ausmaß der staatlichen Verantwortung nicht wieder. Denn bei den 42 V-Leuten handelte es sich nicht um »die besoffenen Skinheads«, die Mitläufer, sondern um »die Führer, die Macher, die Organisatoren«, so der Anwalt. In der Führungsebene neonazistischer Organisationen stehen laut Daimagüler nicht ein Viertel, »sondern 60, 70, 80 teilweise 90 Prozent« der Kader in den Diensten der Geheimdienste.

Zu den bekanntesten dieser V-Leute zählt Tino Brandt, der von 1994 bis 2001 den »Thüringischen Heimatschutz« aufbaute. Brandts V-Mann-Führer – ein Beamter des Landesverfassungsschutzes Thüringen – hatte ihn vor Hausdurchsuchungen gewarnt und, so Daimagüler, »gemeinsam seine Wohnung ›aufgeräumt‹«. Vor Gericht gab Brandt zu, dass er wusste, wo sich die drei untergetauchten NSU-Mitglieder befanden, und ihnen auch mit Geld geholfen habe. Auf die Frage der Nebenklageanwälte, woher dieses Geld gekommen sei, habe Brandt geantwortet: »Vom Amt, und das haben die auch gewusst.«[6]

Auch als der NSU seine Terroranschläge durchführte, hatten die Sicherheitsbehörden noch mindestens 25 Mitarbeiter in seinem unmittelbaren Umfeld installiert. Als der 21-jährige Halit Yosgat am 6. April 2006 in einem Internet-Café in Kassel erschossen wurde, war ein Mitarbeiter des Verfassungsschutzes sogar am Tatort. Der V-Mann-Führer Andreas Temme trug eine Plastiktüte bei sich, in der sich ein schwerer Gegenstand befand. An seinen Handschuhen wurden Schmauchspuren der Munition gefunden, die bei den NSU-Morden zum Einsatz kam. Einer Kollegin nannte er die Marke der Mordwaffe (Ceska), bevor diese in der Öffentlichkeit bekannt wurde. Sein Vorgesetzter Gerold-Hasso Hess hatte sein Aussageverhalten bei der Polizei mit ihm besprochen und ihm empfohlen, »so nah wie möglich an der Wahrheit« zu bleiben, also zu lügen.

Temme, der in seinem Heimatdorf als »Klein-Adolf« bekannt war, führte einen Skinhead namens Benjamin Gärtner als V-Mann, der Verbindungen zum NSU hatte. Mit ihm telefonierte er an den Tagen der NSU-Morde in Kassel, Nürnberg und München. Als das Bundeskriminalamt Gärtner 2012 endlich vernehmen durfte, begleitete ihn ein Anwalt des Verfassungsschutzes. Die meisten Fragen beantwortete Gärtner nicht, dafür habe er keine Aussagegenehmigung. Die Bundesanwaltschaft hält bis heute 37 Aktenordner zu Temme mit der Begründung zurück, sie seien irrelevant.

Das breite Netzwerk von Agenten und V-Leuten der Sicherheitskräfte beschränkt sich nicht auf das Umfeld des NSU. Im

Jahr 2003 hatte das Bundesverfassungsgericht ein Verbotsver-
fahren gegen die neofaschistische NPD eingestellt, weil derart
viele V-Leute des Geheimdiensts in den Führungsgremien der
Partei saßen, dass ein rechtsstaatliches Verfahren nicht gewähr-
leistet war. Es kam heraus, dass mindestens jeder siebte Funktio-
när der Partei auf den Gehaltslisten des Geheimdienstes stand.
Nach Ansicht der Richter müsste deshalb bei der NPD »der
Sache nach von einer Veranstaltung des Staates« gesprochen
werden.[7]

Nicht nur der Verfassungsschutz unterhält braune Netzwerke.
Anfang des Jahres 2017 flog ein Neonazi-Netzwerk in der Bundeswehr auf, das von höchsten Stellen gedeckt worden war. Zentrale Figur ist Franco A. Er war bereits während seines Studiums
bei der Bundeswehr durch eine Masterarbeit aufgefallen, die
nach dem Urteil eines wissenschaftlichen Direktors am Zentrum
für Militärgeschichte und Sozialwissenschaften der Bundeswehr
»einen radikalnationalistischen, rassistischen Appell« darstellte.
Nach einer mündlichen Ermahnung hatte A. sein Studium dennoch unbehelligt fortsetzen können.

Am 3. Februar 2017 wurde A. dann auf dem Flughafen Wien
festgenommen, als er eine dort versteckte Schusswaffe von einer
Toilette abholen wollte. Bei den anschließenden Ermittlungen
wurde bekannt, dass A. gemeinsam mit mindestens zwei weiteren
Komplizen – Maximilian T. und Mathias F. – offenbar Anschläge
auf hochrangige Politiker und Persönlichkeiten plante. A. hatte
sich in Bayern während seiner Berufstätigkeit bei der Bundeswehr
als syrischer Flüchtling registrieren lassen und subsidiären Schutz-
status erhalten. Er plante anscheinend, künftige Taten Flüchtlingen in die Schuhe zu schieben, um damit rechte und ausländerfeindliche Stimmungen in Deutschland zu schüren.

Maximilian T., der als Bundeswehrsoldat in der gleichen Einheit wie A. im französischen Illkirch diente, hatte diesen offenbar gegenüber Vorgesetzten gedeckt. T. ist inzwischen als persönlicher Referent für den AfD-Bundestagsabgeordneten Jan Nolte tätig, der zuvor ebenfalls Soldat war. Auf einer Liste, die T. verfasst haben soll, fanden sich u. a. die Namen des früheren Bundespräsidenten Joachim Gauck, des damaligen Justiz- und derzeitigen Außenministers Heiko Maas (SPD), der Grünen-Politikerin Claudia Roth und des Linken-Ministerpräsidenten von Thüringen, Bodo Ramelow. Dabei soll es sich um mögliche Ziele für Anschläge gehandelt haben. Hinzu kommt, dass bei den drei Beschuldigten umfangreiche Bestände an Waffen und Munition gefunden wurden.

Das Oberlandesgericht Frankfurt entschied im Juni 2018 in einem skandalösen Beschluss, dass Franco A. trotz dieser Ermittlungsergebnisse nicht wegen der Vorbereitung einer schweren staatsgefährdenden Straftat angeklagt werde. Das Gericht bestritt nicht grundsätzlich, dass A. tatsächlich derlei Anschläge vorbereitete. Wie es in einer Pressemitteilung schreibt, ist es »überwiegend wahrscheinlich, dass der Angeschuldigte sich die beiden Pistolen und die beiden Gewehre sowie 51 Sprengkörper beschaffte und diese aufbewahrte«. Es sei »jedoch nicht überwiegend wahrscheinlich, dass er dabei bereits den festen Entschluss hatte, eine schwere staatsgefährdende Gewalttat zu begehen«.[8]

Auch die Polizei unterhält zahlreiche Verbindungen zu rechtsradikalen Kräften. Die Mitglieder der »Gruppe Freital«, die im März 2018 wegen der Bildung einer rechtsterroristischen Vereinigung verurteilt wurden, hatten 2015 interne Informationen von Polizeibeamten erhalten, die sie vor Strafverfolgung schützen sollten. Bevor die Bundesanwaltschaft den Fall zur Schadensbegrenzung an sich zog, hatten sich sowohl die sächsische Polizei als auch die Staatsanwaltschaft geweigert, bei den Anschlägen auf Linken-Politiker und Flüchtlingsunterkünfte einen politischen Hintergrund zu sehen. Dies obwohl die Gruppe auf Facebook offen auftrat und dort über »Kanaken«, »Viehzeug« und »Parasiten« hetzte.

Die rechten Netzwerke in Polizei, Armee und Geheimdiensten gedeihen in einer Situation, in der den Behörden immer weitere Befugnisse eingeräumt und demokratische Rechte geschliffen werden. Die aktuelle Novelle des Polizeiaufgabengesetzes in Bayern, die jetzt für ähnliche Veränderungen in anderen Bundesländern Pate steht, läuft praktisch auf die Errichtung eines Polizeistaats hinaus. Bürger können fortan, ohne dass sie einer Straftat auch nur verdächtigt werden, auf richterliche Anordnung hin auf unbegrenzte Dauer in Schutzhaft genommen werden. Auch dürfen von der Polizei umfassend Wohnungen verwanzt, Computer gekapert und Telefone abgehört werden. Die Trennung zwischen Geheimdiensten und Polizei, die einst aufgrund der Erfahrungen mit der Gestapo ins Grundgesetz geschrieben wurde, ist damit faktisch aufgehoben.

Zugleich arbeiten die Behörden immer direkter mit den großen Technologieunternehmen zusammen. Schon die Enthüllungen von Edward Snowden hatten gezeigt, dass der amerikanische Geheimdienst mit Google, Facebook und Co. zusammenarbeitet, um die gesamte Bevölkerung zu überwachen. Auch die deutschen Geheimdienste waren darin involviert und tauschten mit dem NSA in beide Richtungen Daten aus.

Nun wird in Zusammenarbeit mit denselben Konzernen eine beispiellose Zensur des Internets organisiert. In Deutschland nimmt das besonders krasse Formen an, weil die Betreiber sozialer Netzwerke seit Anfang 2018 durch das Netzwerkdurchsetzungsgesetz (NetzDG) gezwungen sind, einen offensichtlich rechtswidrigen Inhalt innerhalb von 24 Stunden nach Eingang der Beschwerde zu entfernen oder zu sperren. Bei weniger offensichtlichen Fällen gilt eine Sieben-Tage-Frist. Kommt ein Konzern dem nicht nach, drohen Bußgelder von bis zu 50 Millionen Euro. Da es für fälschlicherweise gelöschte Inhalte keine Strafe gibt, ist die Richtung des Gesetzes klar: die Unternehmen sollen zu einer Zensur angehalten werden, die weitaus schärfer ist, als es die momentanen Gesetze hergeben würden.

Das NetzDG verfehlte seine Wirkung nicht. Im ersten Halbjahr 2018 nahmen allein Facebook, Google+ und YouTube Zehntausende Löschungen vor. Betroffen waren zwischen 21 und 46 Prozent aller gemeldeten Fälle. Das ist eine extrem hohe Quote, bedenkt man, dass für eine solche Beschwerde in der Regel ein paar Klicks ausreichen. Dass dabei weit mehr gelöscht wird, als strafrechtlich relevant ist, bestätigt auch die sehr geringe Zahl von Beschwerden über unterlassene Löschungen, die beim Bundesamt für Justiz eingegangen sind. Statt der erwarteten 12.500 waren es im ersten halben Jahr nur 558.

Gegen links

Von den Sperrungen waren zahlreiche antifaschistische Inhalte betroffen. Gleich zu Beginn des Jahres blockierte Twitter einen Beitrag von Sophie Passmann mit Hinweis auf das NetzDG. Darin hatte sich die Satirikerin über den Nationalismus der Rechten lustig gemacht: »Solange es hier weiter Tradition ist, an

Silvester Dinner for One zu gucken, können die Flüchtlinge
gerne herkommen und unsere Kultur kaputt machen.« Twitter
erklärte das für rechtswidrig. Etwa zur selben Zeit wurde das
Satiremagazin *Titanic* gesperrt, weil es die stellvertretende
AfD-Vorsitzende Beatrix von Storch persifliert hatte. Im Februar zensierte YouTube ein Anti-AfD-Video von Andreas Niess,
nachdem sich Mitglieder der rechten Szene darüber beschwert
hatten.

Google hatte bereits im April 2017 eigene Zensurmaßnahmen
in Kraft gesetzt, die sich noch deutlicher gegen linke und Anti-
Kriegs-Websites richten. Am 25. April 2017 kündigte der Verantwortliche für die Suchmaschine Ben Gomes an, dass Google
fortan 10 000 Mitarbeiter einsetzen werde, um erstmals in der
Firmengeschichte Webseiten inhaltlich zu bewerten und diese
Bewertung in die Gewichtung der Suchergebnisse einfließen zu
lassen. Demnach sollen »zuverlässige« Inhalte bevorzugt werden. Seitdem ist der Suchtraffic zu 13 führenden linken Websites
um 55 Prozent zurückgegangen, bei der *World Socialist Web Site*
sogar um 74 Prozent. Dabei wird die *WSWS* bei bestimmten
Suchbegriffen besonders weit herabgestuft. Wer »Krieg«,
»Atomkrieg« oder Ähnliches sucht, wird nicht mehr auf Seiten
der *WSWS* verwiesen.

Dieses Vorgehen bezieht sich auch auf Artikel in deutscher
Sprache und wurde eng mit Regierungskreisen abgesprochen.
Kurz vor Inkraftsetzen der Zensur nahm Gomes am 5. April 2017
an einem Treffen der Rundfunkkommission der Länder in Berlin
teil, um Googles neuen Zensur-Algorithmus mit hochrangigen
deutschen Regierungsvertretern zu diskutieren. Die Rundfunkkommission der Länder ist eines der höchsten Gremien zur
Organisation und Kontrolle der Medien in Deutschland und

umfasst Vertreter aller 16 Landesregierungen. Der sogenannte
»Digital Lunch« mit Gomes fand kurz nach der Veröffentlichung
der Hetzartikel gegen die SGP und die IYSSE in der *F.A.Z.* statt,
in denen sich Heike Schmoll u.a. über die »wirkmächtigen
Trotzkisten« beklagt hatte. Nur wenige Wochen später lieferte
eine Google-Suche nach »Baberowski« auf den ersten Seiten
keine Verweise auf die *WSWS* mehr.

Noch im gleichen Jahr organisierten die Medien eine Kampagne gegen »Linksextremismus«. Als Anlass dienten die Proteste
gegen den G20-Gipfel in Hamburg. Im August nutze der damalige Innenminister Thomas de Maizière (CDU) die Kampagne,
um das unabhängige Medienportal linksunten.indymedia.org zu
verbieten, das vor allem für seine gründlichen Recherchen über
rechtsradikale Umtriebe bekannt war. In einem beispiellosen
Angriff auf die Pressefreiheit erklärte er die Redaktion der Zeitung kurzerhand zu einem »Verein«, was ihm die juristische
Handhabe bot, sie als Minister per Dekret zu verbieten.

Ein knappes Jahr später stellten Seehofer und Maaßen den
Verfassungsschutzbericht 2017 vor, der die angeblichen Gewalttaten von Demonstranten während des G20-Gipfels massiv auf-
bauscht und als Pseudo-Beleg für die Zunahme »linksextremis-
tischer Straftaten« anführt. Der Bericht trägt im Wesentlichen
die Handschrift der AfD, mit der ihn Maaßen auf vorangegangenen Treffen besprochen hatte.

Deshalb werden in dem Bericht weder die rechtsradikale Partei noch ihr Neonazi-Umfeld erwähnt. Stattdessen wird jeder
zum Verfassungsfeind und Linksextremisten erklärt, der gegen
Rechtsextremisten protestiert und Informationen über sie sammelt. Die Sozialistische Gleichheitspartei wird in dem Bericht
erstmals als »linksextremistische Partei« und »Beobachtungs-

objekt« angeführt. Die Beobachtung durch den Verfassungsschutz bedeutet eine massive Einschränkung demokratischer
Grundrechte. Sie ist eine Vorstufe zu einem möglichen Verbot.

Dabei wirft der Verfassungsschutz der SGP keine Gesetzes-
verstöße oder gewaltsame Aktivitäten vor. Er bestätigt sogar ausdrücklich, dass sie ihre Ziele mit legalen Mitteln verfolgt. Der
Geheimdienst begründet die Beobachtung der SGP ausschließlich damit, dass sie ein sozialistisches Programm vertritt, den
Kapitalismus kritisiert und die etablierten Parteien sowie die
Gewerkschaften ablehnt. Laut Verfassungsschutz ist eine solche
Kritik am Kapitalismus, die Millionen Menschen teilen, ein
Angriff auf »unsere Staats- und Gesellschaftsordnung und damit
die freiheitliche Demokratie«. Er knüpft damit direkt an Bis-
marcks Sozialistengesetze und Hitlers Zerschlagung der Arbei-
terparteien an.

Eine sozialistische Perspektive gegen Faschismus und Krieg

Die Rückkehr von Diktatur und Krieg ist das Ergebnis grundlegender Tendenzen der kapitalistischen Gesellschaft und nicht einfach des subjektiven Willens einiger Neonazis und ultrarechter Individuen. Sie hat, wie wir in den vorangegangenen Kapiteln gezeigt haben, in der einen oder anderen Form das gesamte politische Establishment erfasst. Während die Medien Kriegshetze und Fremdenfeindlichkeit schüren und Professoren die Verbrechen der Nazis verharmlosen, setzt die Große Koalition aus CDU, CSU und SPD diese Politik in die Tat um. Ein Kampf gegen die rechte Gefahr muss von diesem Verständnis ausgehen.

Das rechte Programm der Großen Koalition

Die Große Koalition ist das Ergebnis der enormen sozialen Polarisierung, die sich in den letzten Jahren entwickelt hat. Ihre Politik des Militarismus und des Sozialabbaus stößt in der Mehrheit der Bevölkerung auf Opposition, die in den etablierten Parteien und Institutionen keinen politischen Ausdruck findet. Deshalb nimmt die offizielle Politik immer mehr die Form einer permanenten Verschwörung an. Die Große Koalition wurde in monatelangen Geheimverhandlungen vorbereitet, bevor der Koalitionsvertrag präsentiert wurde, der in großen Teilen nur aus Andeutungen besteht. Die zahlreichen geheimen Absprachen und Vereinbarungen, die in den viereinhalb Verhandlungsmona-

ten getroffen wurden, gelangen nur scheibchenweise an die
Öffentlichkeit.

Im Koalitionsvertrag wurde bereits die stärkste Aufrüstung
seit dem Ende des Zweiten Weltkriegs festgeschrieben. Danach
soll der Verteidigungshaushalt bis 2024 auf mindestens 70 Milliarden Euro verdoppelt werden. Zudem sollen von jedem
Euro, der zusätzlich an anderer Stelle eingespart wird, 50 Cent
ins Militär und 50 Cent in die zivile Konfliktintervention flie-
ßen. Das ist ein in der bundesrepublikanischen Geschichte ein-
maliger Passus, der eine unbegrenzte Ausweitung der Aufrüstung bis zur totalen Kriegswirtschaft ermöglicht.

Dass es der Großen Koalition genau darum geht, zeigen Doku-
mente, die später veröffentlicht wurden. So kündigte Verteidigungsministerin Ursula von der Leyen in der neuen »Konzeption
der Bundeswehr« Ende Juli 2018 an, dass die deutsche Armee bis
hin zum »anspruchsvollsten Einsatz im Rahmen einer sehr großen Operation innerhalb und am Rande des Bündnisgebietes«
aufgerüstet werde.[1] Dabei geht es explizit um die Durchsetzung
der geostrategischen und wirtschaftlichen Interessen des deutschen Imperialismus. Schon jetzt befindet sich die Bundeswehr
in 18 Auslandseinsätzen, hat Kampftruppen an der russischen
Grenze stationiert und ist in Afghanistan und Syrien in schwere
Kriegsverbrechen verwickelt.

Die horrende Aufrüstung und Kriegsplanung wird durch heftige Angriffe auf die sozialen Errungenschaften der Arbeiter
finanziert. Was Berlin und Brüssel in den vergangenen Jahren in
Griechenland vorexerziert haben, soll jetzt auf den ganzen Kontinent und auf Deutschland selbst ausgeweitet werden. Schon im
51. Finanzplan, den das Bundeskabinett am Tag nach Merkels
Wiederwahl verabschiedete, sind für die nächsten vier Jahre

deutliche Kürzungen bei Bildung und Forschung sowie bei Familie und Jugend geplant.

Ganz auf Linie der extremen Rechten befindet sich die Bundesregierung auch in der Flüchtlingspolitik. Die verzweifelten Menschen, die vor den Kriegen fliehen, die Deutschland in Afrika und dem Nahen Osten mit entfacht und geführt hat, werden an den europäischen Grenzen abgewiesen und ertrinken zu Tausenden im Mittelmeer. Allein in den ersten acht Monaten des Jahres 2018 kamen über 1500 Menschen an den EU-Außengrenzen ums Leben.

In Deutschland selbst werden sogenannte Ankerzentren eingerichtet, in denen Flüchtlinge kaserniert und von der Bevölkerung isoliert werden, um sie entweder direkt zu deportieren oder durch monatelange unmenschliche Behandlung zur Rückkehr zu zwingen. Laut Koalitionsvertrag und dem Masterplan von Innenminister Horst Seehofer sollen diese Zentren Teil eines umfassenden Lagersystems werden, das ganz Europa und Nordafrika umspannt. Am Ende dieser Deportationsmaschinerie stehen Lager und Privatgefängnisse in Libyen, in denen massenhaft gefoltert, gemordet und versklavt wird.

Eine solche Politik der nationalen Abschottung, des Sozialabbaus und der Aufrüstung lässt sich nicht mit Demokratie vereinbaren. Deshalb baut die Große Koalition Polizei und Geheimdienste aus, schränkt demokratische Grundrecht ein und ermutigt rechtsradikale Schlägerbanden, die Jagd auf politische Gegner und Flüchtlinge machen.

Dieser Rechtsruck ist ein internationales Phänomen. Überall wachsen rechte und autoritäre Tendenzen. In den USA regiert ein Nationalist, der sich auf rechtsradikale Elemente stützt, in Italien und Österreich sitzen Rechtsextremisten in der Regierung, und in Ungarn und Polen führen sie diese sogar. Der Grund dafür liegt in der tiefen Krise des kapitalistischen Systems, die überall auf der Welt zu einer Verschärfung des Klassenkampfs und einer Zuspitzung der Konflikte zwischen den imperialistischen Mächten führt.

Marxistische Perspektive

Die Sozialistische Gleichheitspartei und ihre Jugend- und Studentenorganisation IYSSE sind die einzige politische Tendenz, die sich diesem Rechtsruck konsequent entgegenstellt. Das ist kein Zufall. Als trotzkistische Partei stützt sich die SGP auf ein marxistisches Verständnis der objektiven Klassenentwicklung und gründet darauf ihre Perspektive der sozialistischen Revolution durch die Mobilisierung der internationalen Arbeiterklasse.

Mitten im Ersten Weltkrieg, am 2. Januar 1916, schrieb Rosa Luxemburg in der Junius-Broschüre, die Menschheit stehe vor der Alternative Sozialismus oder Barbarei: »Entweder Triumph des Imperialismus und Untergang jeglicher Kultur, wie im alten Rom, Entvölkerung, Verödung, Degeneration, ein großer Friedhof. Oder Sieg des Sozialismus, das heißt der bewussten Kampfaktion des internationalen Proletariats gegen den Imperialismus und seine Methode: den Krieg.«[2]

Leo Trotzki verstand, dass sich diese Frage mit dem Ausgang des Ersten Weltkriegs keineswegs erledigt hatte, sondern sich umso schärfer aufs Neue stellte. Ein Zweiter Weltkrieg war unvermeidlich, wenn der Kapitalismus nicht durch die Arbeiterklasse gestürzt würde. Doch um einen solchen Krieg zu führen, mussten die herrschenden Klassen die mächtigen Arbeiterorga-

nisationen zerschlagen, deren Mitglieder entschiedene Kriegsgegner waren. Dazu benutzten sie den Faschismus. »Er bringt
die Klassen auf die Beine, die sich unmittelbar über das Proleta-
riat erheben und fürchten, in dessen Reihen gestürzt zu werden.
Er organisiert und militarisiert sie mit den Mitteln des Finanz-
kapitals, unter Deckung des offiziellen Staates und lenkt sie auf
die Zertrümmerung der proletarischen Organisationen, von den
revolutionären bis zu den gemäßigten«,[3] schrieb Trotzki im
Januar 1932.

Gestützt auf diese marxistische Analyse sah Trotzki schon
1931 voraus, dass ein Sieg Hitlers Krieg gegen die Sowjetunion
bedeuten würde.[4] Und schon nach der Reichspogromnacht vom
9. November 1938 erklärte er, dass »die nächste Entwicklung der
Weltreaktion die physische Ausrottung der Juden« bedeute,[5] die
dann drei Jahre später in die Tat umgesetzt wurde. Der berühmte
Dichter und Kriegsgegner Kurt Tucholsky zeigte sich im Juli 1933
tief davon beeindruckt, wie weitsichtig und korrekt Trotzki über
Deutschland schrieb, obwohl er sich weit entfernt in der Türkei
im Exil befand.[6]

Doch Trotzki traf diese Einschätzung nicht vom Standpunkt
des Beobachters, sondern des sozialistischen Revolutionärs. Er
unterzog die Politik der beiden großen Arbeiterparteien einer
schonungslosen Kritik. Die SPD hatte sich aus einer Partei der
Reform in eine Partei verwandelt, die die bürgerliche Ordnung
um jeden Preis verteidigte:

> Die gegenwärtige Krise des sterbenden Kapitalismus zwang
> die Sozialdemokratie, auf die Früchte des langen wirt-
> schaftlichen und politischen Kampfes zu verzichten und die
> deutschen Arbeiter auf das Lebensniveau ihrer Väter, Groß-

väter und Urgroßväter hinabzuführen. Es gibt kein tragische-
res und gleichzeitig abstoßenderes historisches Schauspiel als
die bösartige Fäulnis des Reformismus inmitten der Trümmer
all seiner Errungenschaften und Hoffnungen.[7]

Zugleich griff Trotzki die stalinistische Führung der KPD an,
weil sie sich weigerte, für eine Einheitsfront mit der SPD gegen
Hitler einzutreten. Trotzki hatte keine Illusionen über die Rolle
der sozialdemokratischen Führer. Aber der systematische Kampf
für eine Einheitsfront hätte die sozialdemokratischen Arbeiter
überzeugt, dass es die Kommunisten mit dem Kampf gegen den
Faschismus ernst meinen. Stattdessen bezeichnete die KPD die
Sozialdemokraten als »Sozialfaschisten« und behauptete, SPD
und Nazis seien »Zwillinge«. In einigen Fällen, wie dem Volksentscheid zur Auflösung des preußischen Landtags im August
1931, ließ sie sich sogar zu gemeinsamen Aktionen mit den Nazis
herab. Auf diese Weise spaltete und lähmte sie die Arbeiterklasse, so dass Hitler schließlich ohne ernsthaften Kampf an die
Macht gelangte.

Als nach Hitlers Sieg jede kritische Diskussion über die katas-
trophale Politik der KPD innerhalb der Kommunistischen Internationale unterdrückt wurde, folgerte Trotzki, dass man diese
Partei nicht mehr reformieren könne und sie wie die Sozialdemokratie für die Revolution tot sei. Die Linke Opposition berei-
tete die Gründung der Vierten Internationale vor, die 1938 am
Vorabend des Zweiten Weltkriegs vollzogen wurde. Die Vierte
Internationale verteidigte das Programm des sozialistischen
Internationalismus gegen Sozialdemokratie und Stalinismus und
stellte den Kampf für die politische Unabhängigkeit der Arbeiterklasse und den Aufbau einer revolutionären Führung ins Zen-

trum ihrer Arbeit. In ihrem Gründungsdokument lieferte sie
eine schonungslose Einschätzung der Epoche:

> Die politische Weltlage als Ganzes ist vor allem durch eine
> historische Krise der proletarischen Führung gekennzeichnet.
> Die wirtschaftliche Voraussetzung für die proletarische Revo-
> lution ist längst bis zum höchsten Stand herangereift, der
> unter dem Kapitalismus erreicht werden kann. Die Produktiv-
> kräfte der Menschheit haben aufgehört zu wachsen. Neue
> Erfindungen und technische Neuerungen vermögen bereits
> nicht mehr zu einer Hebung des materiellen Wohlstand bei-
> zutragen. Unter den Bedingungen der sozialen Krise des
> gesamten kapitalistischen Systems bürden Konjunkturkrisen
> den Massen immer größere Entbehrungen und Leiden auf [...]
> Die internationalen Beziehungen bieten kein besseres Bild.
> Unter dem wachsenden Druck des kapitalistischen Nieder-
> gangs haben die imperialistischen Gegensätze die Grenze
> erreicht, jenseits derer die einzelnen Zusammenstöße und
> blutigen lokalen Unruhen unausweichlich in einen Weltbrand
> umschlagen müssen.
> [...] Ohne eine sozialistische Revolution, und zwar in der
> nächsten geschichtlichen Periode, droht der gesamten
> menschlichen Kultur eine Katastrophe. Alles hängt nunmehr
> vom Proletariat ab, das heißt vor allem von seiner revolutio-
> nären Vorhut. Die geschichtliche Krise der Menschheit läuft
> auf die Krise der revolutionären Führung hinaus.[8]

»Ohne allzu viele Worte zu ändern, könnte Trotzkis Beschreibung der kapitalistischen Welt im Jahr 1938 sehr gut zur Charak-
terisierung der Lage von 2018 dienen. Wäre er noch am Leben,

würde es Trotzki wohl nicht schwer fallen, die heutige Welt zu
verstehen«, kommentierte David North zum 80. Jahrestag der
Gründung der Vierten Internationale diese Worte.[9] Tatsächlich
entwickeln sich heute die gleichen Widersprüche, die schon zu
zwei Weltkriegen geführt haben, und erneut wird die Menschheit vor die Frage gestellt: Sozialismus oder Barbarei? Deshalb
nehmen die politischen Auseinandersetzungen immer schärfere
Formen an und deshalb knüpfen die Herrschenden an die Verbrechen der Vergangenheit an.

In der Erklärung »Sozialismus und der Kampf gegen Krieg«
fasste das Internationale Komitee der Vierten Internationale
diese Fragen vor zwei Jahren folgenderweise zusammen:

> Aus der Krise des kapitalistischen Nationalstaatensystems
> ergeben sich zwei entgegengesetzte Perspektiven. Der Impe-
> rialismus versucht, den Zusammenstoß wirtschaftlicher und
> geostrategischer Interessen, der sich unweigerlich aus diesem
> System ergibt, durch den Sieg einer hegemonialen Weltmacht
> über alle ihre Rivalen zu überwinden. Darin besteht das Ziel
> seines geostrategischen Kalküls, das unabwendbar in einen
> globalen Krieg mündet.
> Die internationale Arbeiterklasse, die sich der Geopolitik der
> Kapitalistenklasse in den Weg stellt, bildet als gesellschaftliche
> Kraft die objektive Massenbasis für die sozialistische Welt-
> revolution, die dem Nationalstaatensystem insgesamt ein
> Ende setzt und die globale Wirtschaft auf Gleichheit und wis-
> senschaftliche Planung basiert. Der Imperialismus erstrebt
> die Rettung der kapitalistischen Ordnung durch Krieg. Die
> Arbeiterklasse erstrebt die Überwindung der globalen Krise
> durch die soziale Revolution. Die Strategie der revolutionären

Partei ergibt sich aus der Negation der imperialistischen, auf Nationalstaaten basierenden Geopolitik.[10]

Eine solche Perspektive ist nicht nur die einzige Grundlage, einen weiteren Weltkrieg zu verhindern, sie ist auch realistisch. Die Arbeiterklasse ist im Weltmaß enorm angewachsen und gerät immer mehr in Bewegung. In diesem Jahr (2018) gab es unter anderem umfassende Streiks von Lehrern in den USA, die sich zunehmend außerhalb der Gewerkschaften entwickelten, Arbeitskämpfe in Iran, Tunesien, Marokko und Irak. Auch in Deutschland gab es zahlreiche Arbeitsniederlegungen in der Stahlindustrie, im öffentlichen Dienst und bei internationalen Konzernen wie Ryanair und Amazon.

Die Vierte Internationale orientiert sich auf diese Kämpfe und tritt darin für eine unabhängige sozialistische Perspektive ein. Auf einem Sonderkongress gegen die Kriegsgefahr im September 2014 verabschiedete die SGP eine Resolution unter dem Titel »Die Rückkehr des deutschen Imperialismus und die Aufgaben der SGP«, in der es heißt:

Die SGP stützt den Kampf gegen Militarismus und Krieg theoretisch, politisch und organisatorisch auf die Arbeiterklasse. Sie ist als internationale Klasse die einzige Kraft, die einen Dritten Weltkrieg verhindern kann. Ihre Interessen bringen sie in Widerspruch zum kapitalistischen System. Aber die sozialistische Revolution ist kein automatischer Prozess. Die Entscheidungen über ihr Tempo und ihren Erfolg fallen im Bereich der Politik. Wie Trotzki am Vorabend des Zweiten Weltkriegs schrieb, läuft die geschichtliche Krise der Menschheit auf die Krise der revolutionären Führung hinaus. Die

Lösung dieser Krise hängt von den Entscheidungen, dem Handeln und dem Aufbau unserer Partei ab.

Die SGP leistet eine unermüdliche politische Arbeit, um das Bewusstsein der Arbeiterklasse zu entwickeln. Sie tritt den Fälschungen und Propagandalügen der Medien und der Sprachrohre der herrschenden Klasse entgegen. Sie impft die Arbeiter gegen jede Form von Nationalismus und Chauvinismus und tritt für Solidarität mit den Kämpfen der Arbeiter in allen Ländern ein. Sie setzt sich für die Einheit der europäischen und internationalen Arbeiterklasse auf der Grundlage eines sozialistischen Programms ein. Sie lehnt die Europäische Union ab und kämpft für Vereinigte Sozialistische Staaten von Europa. Der Aufbau von Sektionen des Internationalen Komitees der Vierten Internationale in ganz Europa zählt zu den wichtigsten Aufgaben im Kampf gegen Krieg.[11]

Auf dieser Perspektive beruht der Kampf der SGP und IYSSE gegen Geschichtsfälschung und rechte Ideologie. Sowohl die Anfeindungen durch Politik, Medien und Professorenschaft als auch die enorme Resonanz unter Studierenden und Arbeitern bestätigen die Klassenanalyse, die dieser Arbeit zugrunde liegt. Es kommt jetzt darauf an, die Schlussfolgerung daraus zu ziehen und die SGP und das Internationale Komitee der Vierten Internationale auf der ganzen Welt aufzubauen.

Register

A

A., Franco 145 f., 185
Augstein, Rudolf 28, 96

B

Baberowski, Jörg 14, 22, 24–26,
  30 f., 37, 39–65, 67, 69, 71, 76,
  89–94, 96–107, 109, 113–121,
  123 f., 126 f., 129, 131 f., 139,
  150, 170–174, 179, 181–184
Bannon, Stephen 50
Bartsch, Dietmar 135 f., 183
Bilge, Leyla 54
Bisky, Jens 92, 178
Bismarck, Otto von 18, 79, 151
Bittner, Jochen 33, 84, 177
Blocher, Christoph 50
Böckelmann, Frank 52
Böhnhardt, Uwe 143
Brandner, Stephan 141
Brandt, Tino 143 f.
Brandt, Willy 142
Buchholz, Christine 137
Burschel, Peter 114, 118, 181
Buschkowsky, Heinz 71
Busse, Nikolas 33

C

Childers, Thomas 41, 171
Chrupalla, Tino 138
Clark, Christopher 18

Courtois, Stéphane 112
Curio, Gottfried 67

D

Daimagüler, Mehmet 143, 184
Deckert, Günther 125
Dieckmann, Christoph 42, 171
Doering-Manteuffel, Anselm
  113, 181
Dohnanyi, Klaus von 71
Dräger, Birgit 128

E

Egg, Markus 67
Eichmann, Adolf 111
Ennker, Benno 41, 171

F

Felser, Peter 78
Fischer, Fritz 18–21, 27, 39, 111,
  169
Fischer, Joschka 134, 183
Fischer-Lescano, Andreas 102,
  180
F., Mathias 145
Foucault, Michel 124, 182
Friedrich, Andreas 128 f.

G

Gabriel, Sigmar 71, 75, 86, 135,
  176

Gadamer, Hans-Georg 124
Gärtner, Benjamin 144
Gauck, Joachim 10, 33–35, 43,
   79, 146, 170
Gauland, Alexander 52, 74,
   77–79, 136, 140 f., 177
Geis, Norbert 72, 176
Geppert, Dominik 18, 169
Goebbels, Joseph 83
Gomes, Ben 149 f.
Göring-Eckardt, Katrin 136, 183
Grandits, Hannes 114, 118 f.,
   121–123
Greiner, Ulrich 54, 173

H
Habermas, Jürgen 28, 112, 181
Haumann, Heiko 23
Haupt, Friederike 92, 178
Heidegger, Martin 124, 129
Helmrath, Johannes 114
Hermann, Eva 54
Hess, Gerold-Hasso 144
Heydrich, Reinhard 31
Himmler, Heinrich 30 f.
Hindenburg, Paul von 8
Hitler, Adolf 7–9, 14, 19, 28–31,
   40–42, 44, 77, 89 f., 93, 102,
   109–111, 113 f., 116, 119, 121,
   141, 151, 157 f., 169, 180
Höcke, Björn 13, 76 f.
Hoffmann, Reiner 137, 184
Hopf, Wilhelm 55
Hugenberg, Alfred 8

I
Irina 98

J
Jäger, Ralf 85, 178
Janukowitsch, Viktor 35
Jauch, Günther 76
Jongen, Marc 129
Jünger, Ernst 44
Junge, Uwe 79

K
Kaube, Jürgen 89–91, 178
Kauder, Volker 72
Kempkens, Sebastian 94 f., 179
Kershaw, Jan 8 f., 169
Keßler, Mario 23, 26, 102, 180
Kinkel, Klaus 32, 170
Kleine-Brockhoff, Thomas 34
Klöckner, Julia 85
Klonovsky, Michael 52 f., 173
Kohler, Berthold 75, 176
Köhler, Gundolf 142
Köster, Burkhard 139
Kresta, Edith 107, 180
Kubitschek, Götz 13, 52, 78
Kunst, Sabine 59–63, 66 f., 69,
   122, 131, 175
Kurbjuweit, Dirk 27–30, 76, 170,
   177
Kutschera, Ulrich 65

L
Lau, Mariam 103 f., 180
Lengsfeld, Vera 52–54, 98, 179
Lewentz, Roger 75
Leyen. *Siehe* Von der Leyen

Liebich, Stefan 34, 135, 183
Lucassen, Rüdiger 78
Lucke, Bernd 77
Luxemburg, Rosa 156, 185

M
Maas, Heiko 85, 87, 146, 177
Maaßen, Hans-Georg 12 f., 140 f., 150, 184
Macron, Emmanuel 133
Mahler, Horst 125
Mai, Klaus-Rüdiger 98, 100, 179
Maizière, Thomas de 72, 75, 137, 150, 176
Mann, Heinrich 95
Margolina, Sonja 104
Maron, Monika 92
Matussek, Matthias 52
Meinecke, Friedrich 39
Merkel, Angela 50, 77, 154
Meyer-Schilf, Karolina 98, 179
Moeller van den Bruck, Arthur 44, 121 f.
Mohler, Armin 122
Mommsen, Hans 28, 113, 121, 170, 181 f.
Mommsen, Theodor 39
Mönch, Regina 92, 104 f., 178, 180
Mundlos, Uwe 143
Münkler, Herfried 18 f., 21, 27, 31 f., 43, 59, 63, 65, 91–96, 100, 115, 131 f., 139, 169 f., 174, 178 f.
Musial, Bogdan 42, 112

N
Neitzel, Sönke 18, 60, 139, 169

Niess, Andreas 149
Nietzsche, Friedrich 129
Nilostonsky, R. 28
Nolte, Ernst 27–31, 34, 89, 103, 112 f., 116, 170
Nolte, Georg 34
Nolte, Jan 146
North, David 15, 17, 22 f., 25 f., 124–126, 160, 169, 182, 185
Nouripour, Omid 33
Nüsslein, Georg 77

O
Olbertz, Jan-Hendrik 57–59, 114, 118, 131
Osssietzky, Carl von 141
Otten, Gerald 78
Otto, Jan 138

P
Palmer, Boris 136
Papen, Franz von 8
Passmann, Sophie 148
Patenaude, Bertrand 22, 169
Patzelt, Werner 128
Pazderski, Georg 78
Petry, Frauke 52, 77, 140, 184
Pirinçci, Akif 74
Platzeck, Mathias 60
Posener, Alan 120, 182

R
Ramelow, Bodo 134, 146
Rathkolb, Oliver 23
Rauscher, Thomas 65, 127 f., 183
Reemtsma, Jan Philipp 112
Reimann, Bruno 110, 180

Ringer, Fritz K.   109, 180
Rippert, Ulrich   15
Romann, Dieter   86
Roth, Claudia   146

S
Safranski, Rüdiger   52
Sandkühler, Thomas   114–117,
   181
Sarrazin, Thilo   52, 69–72, 113,
   176
Schlögel, Karl   104 f.
Schmitt, Carl   44, 49, 121–123,
   129, 172
Schmoll, Heike   99 f., 150
Schreiber, Franziska   140
Schrübbers, Hubert   142
Schulz, Martin   86
Schwarz, Peter   15, 70, 171, 176,
   181
Seehofer, Horst   13, 140, 150, 155
Seifert, Sabine   105–107, 180
Sens, Eberhard   52
Service, Robert   22–27, 56, 89,
   113, 169 f.
Snowden, Edward   147
Sofsky, Wolfgang   47, 172
Sommer, Evrim   132
Sommer, Michael   137 f.
Springer, René   78
Stalin, Josef   24, 26, 40, 89 f., 111,
   132, 171, 183
Stanicic, Sascha   137
Steinbach, Peter   23
Steinbrück, Peer   71
Stein, Dieter   52 f.

Steinmeier, Frank-Walter   34 f.,
   43, 59, 72, 80 f., 171, 174, 177
Stephan, Cora   18, 52, 141
Stern, Johannes   15
Storch, Beatrix von   149
Sträter, Winfried   92
Strauß, Franz-Josef   96
Struck, Peter   71

T
Tellkamp, Uwe   54
Temme, Andreas   144
Tillich, Stanislaw   75
T., Maximilian   145 f.
Trefzer, Martin   66
Trotzki, Leo   11, 22–24, 26, 89 f.,
   110, 156–161, 169, 180, 185
Trump, Donald   50, 85
Tucholsky, Kurt   157, 185

U
Ulbig, Markus   75

V
Vermes, Timur   7
Von der Leyen, Ursula   34 f., 154,
   171

W
Wachsmann, Nikolaus   31, 170
Wagenknecht, Sahra   77, 136 f.,
   184
Wawzyniak, Halina   132, 183
Weber, Hermann   23
Weber, Thomas   18
Wehler, Hans-Ulrich   28, 113
Weinreich, Max   110 f., 180

Weißmann, Karlheinz 52 f.
Weiß, Volker 69, 176
Wildt, Michael 114, 118 f.,
    121–123, 182
Willsch, Klaus-Peter 76
Winkler, Heinrich August 28
Wulff, Christian 72
Wurm, Sven 15, 56, 103, 175

Y
Yosgat, Halit 144

Z
Zarusky, Jürgen 42, 171
Zschäpe, Beate 143

Anmerkungen

Einleitung

1 Ian Kershaw, *Hitler 1889–1936*, Stuttgart 1999, S. 473.

2 Ebd., S. 526 und S. 502.

3 Leo Trotzki, Die österreichische Krise, die Sozialdemokratie und der Kommunismus, 13.11.1929, http://www.mlwerke.de/tr/1929/291113a. htm, aufgerufen am 28.8.2018.

Die Rückkehr des deutschen Militarismus

1 David North, *Die Russische Revolution und das unvollendete Zwanzigste Jahrhundert*, Essen 2015, S. 31.

2 Dominik Geppert, Sönke Neitzel et al., »Warum Deutschland nicht allein Schuld ist«, in: *Die Welt*, 4.1.2014, https://www.welt.de/debatte/ kommentare/article123516387/Warum-Deutschland-nicht-allein-schuld-ist.html, aufgerufen am 23.9.2018.

3 Herfried Münkler: »Neuentdeckung des Ersten Weltkriegs, Griff nach der Weltmacht? Für eine Abkehr von den Thesen Fritz Fischers«, in: *Süddeutsche Zeitung*, 20.6.2014, zitiert nach http://www.literarische.de/ 1411/muenkler%20SZ140620.htm, aufgerufen am 5.9.2018.

4 Fritz Fischer, *Griff nach der Weltmacht*, Düsseldorf 2013, S. 27.

5 Bertrand M. Patenaude, Besprechung von Robert Service, *Trotsky: A Biography* und David North, *In Defense of Leon Trotsky*, in: *The American Historical Review*, Jg. 116, Nr. 3, 1. Juni 2011, S. 900–902.

6 David North, *Verteidigung Leo Trotzkis*, Zweite, erweiterte Auflage, Essen 2012, S. 312.

7 Ebd.

8 Die Partei für Soziale Gleichheit (PSG) hat sich am 19. Februar 2017 in Sozialistische Gleichheitspartei (SGP) umbenannt. Sie blieb die deutsche Sektion des Internationalen Komitees der Vierten Internationale (IKVI). Im Folgenden wird auch die PSG vor der Umbenennung als SGP referenziert, um Verwirrung zu vermeiden.

9 »Neun Fragen an Robert Service«, in: *World Socialist Web Site*, 8.2.2014, https://www.wsws.org/de/articles/2014/02/08/serv-f08.html, aufgerufen am 3.10.2018.

10 »IYSSE protestieren gegen Unterdrückung der Diskussionsfreiheit an der Humboldt-Universität durch Professor Baberowski«, in: *World Socialist Web Site*, 22.2.2014, https://www.wsws.org/de/articles/2014/02/22/iyss-f22.html, aufgerufen am 3.10.2018.

11 Dirk Kurbjuweit, »Der Wandel der Vergangenheit«, in: *Der Spiegel*, 7/2014, http://www.spiegel.de/spiegel/print/d-124956878.html, aufgerufen am 3.10.2018.

12 Ernst Nolte, »Vergangenheit, die nicht vergehen will. Eine Rede, die geschrieben, aber nicht gehalten werden konnte«, in: *Frankfurter Allgemeine Zeitung*, 6.6.1986, zitiert nach: Reinhard Kühnl (Hrsg.), *Streit ums Geschichtsbild. Die »Historiker-Debatte«. Darstellung, Dokumentation, Kritik*, Köln 1987, S. 36.

13 Hans Mommsen, »Das Ressentiment als Wissenschaft. Anmerkungen zu Ernst Noltes ›Der europäische Bürgerkrieg 1917–1945. Nationalsozialismus und Bolschewismus‹«, in: *Geschichte und Gesellschaft*, Jg. 14, Heft 4, 1988, S. 502.

14 Nikolaus Wachsmann, *KL – Die Geschichte der Nationalsozialistischen Konzentrationslager*, München 2016, S. 346.

15 Ebd.

16 Herfried Münkler, »Die gefährliche Kluft zwischen Schein und Tun. Auf die Interessen kommt es an!«, in: *Review 2014*, http://www.aussenpolitik-weiter-denken.de/de/aussensicht/show/article/die-gefaehrliche-kluft-zwischen-schein-und-tun.html, aufgerufen am 16.6.2015.

17 Klaus Kinkel, »Verantwortung, Realismus, Zukunftssicherung. Deutsche Außenpolitik in einer sich neu ordnenden Welt«, in: *Frankfurter Allgemeine Zeitung*, 19.3.1993.

18 Joachim Gauck, »Die Freiheit in der Freiheit gestalten«, Festakt zum Tag der Deutschen Einheit 2013, 3.10.2013, http://www.bundespraesident.de/SharedDocs/Reden/DE/Joachim-Gauck/Reden/2013/10/131003-Tag-deutsche-Einheit.html, aufgerufen am 2.10.2018.

19 Stiftung Wissenschaft und Politik, The German Marshall Fund of the United States, »Neue Macht. Neue Verantwortung«, 2013, https://www.swp-berlin.org/fileadmin/contents/products/projekt_papiere/DeutAussenSicherhpol_SWP_GMF_2013.pdf, aufgerufen am 3.10.2018.

20 Rede von Außenminister Frank-Walter Steinmeier anlässlich der 50. Münchener Sicherheitskonferenz, 1.2.2014, https://www.auswaertiges-amt.de/de/newsroom/ 140201-bm-muesiko/259554, aufgerufen am 3.10.2018.

21 Rede von Verteidigungsministerin Ursula von der Leyen anlässlich der
    50. Münchener Sicherheitskonferenz, 31.1.2014, https://www.security
    conference.de/fileadmin/MSC_/2014/Reden/2014-01-31_Rede_BMin_
    von_der_Leyen_MSC_2014.pdf, aufgerufen am 3.10.2018.

Der Fall Baberowski

1 Jörg Baberowski im Interview mit René Scheu, »Die Linke macht den
   Menschen wieder zum Gefangenen seines Stands«, in: *Neue Zürcher Zeitung*, 20.5.2017, https://www.nzz.ch/feuilleton/meinungsfreiheit-die-
   linke-macht-den-menschen-wieder-zum-gefangenen-seines-stands-
   ld.1295031, aufgerufen am 1.10.2018.
2 Jörg Baberowski, »Kriege in staatsfernen Räumen. Rußland und die Sowjetunion 1905–1950«, in: Dietrich Beyrau, Michael Hochgeschwender,
   Dieter Langewiesche (Hrsg.), *Formen des Krieges. Von der Antike bis zur
   Gegenwart*, Paderborn 2007, S. 305.
3 Jörg Baberowski, *Verbrannte Erde. Stalins Herrschaft der Gewalt*, München 2012, S. 403.
4 Thomas Childers, *The Third Reich. A History of Nazi Germany*, New York
   2017, S. 469 (aus dem Englischen).
5 Benno Ennker, »Ohne Ideologie, ohne Staat, ohne Alternative? Fragen
   an Jörg Baberowski«, in: *Osteuropa*, Jg. 62, Nr. 4, April 2012, S. 112.
6 Jürgen Zarusky, »Schematische Übertragungen. Stalinismus und Nationalsozialismus bei Jörg Baberowski«, in: *Osteuropa*, Jg. 62, Nr. 4, April
   2012, S. 124.
7 Christoph Dieckmann, »Die Suche geht weiter. Stalin, der Stalinismus
   und das Rätsel der Gewalt«, in: *Osteuropa*, Jg. 62, Nr. 4, April 2012,
   S. 131.
8 Ebd., S. 134.
9 Christoph Vandreier, »Jörg Baberowskis Geschichtsfälschung«, in: Peter
   Schwarz (Hrsg.), *Wissenschaft oder Kriegspropaganda?*, Essen 2015,
   S. 95–141.
10 Jörg Baberowski, »Totale Herrschaft im staatsfernen Raum. Stalinismus
    und Nationalsozialismus im Vergleich«, in: *Zeitschrift für Geschichtswis-
    senschaft* 57, Nr. 12, 2009, S. 1026.
11 »Interventionsmacht Deutschland?«, Schlüterhofgespräche im Deut-
    schen Historischen Museum, 1.10.2014, https://www.dhm.de/fileadmin/
    medien/relaunch/AUDIO/Schlueterhofgespraeche_01.10.2014_1.mp3
    (Zitat ab Min. 20), aufgerufen am 1.10.2018.

12 Jörg Baberowski und Hans-Ludwig Kröber im Gespräch, »Krieg wird es immer geben«, in: *Cicero*, Nr. 1, 2016, S. 112.

13 Jörg Baberowski im Interview, *3Sat Kulturzeit*, 24.9.2015, https://www.3sat.de/mediathek/?mode=play&obj=54138 (Zitat ab Min. 4:50), aufgerufen am 1.10.2018.

14 Jörg Baberowski, *Räume der Gewalt*, Frankfurt am Main 2015, S. 27.

15 Jörg Baberowski im Interview mit Simon Strauss, »Natürlich kann auch ein Analphabet einen Asylgrund haben«, in: *Frankfurter Allgemeine Zeitung*, 20.9.2015, http://www.faz.net/aktuell/feuilleton/debatten/historiker-joerg-baberowski-im-interview-ueber-asyl-13810824.html, aufgerufen am 1.10.2018.

16 Baberowski, *Räume der Gewalt*, S. 32.

17 Wolfgang Sofsky, *Traktat über die Gewalt*, Frankfurt am Main 1996.

18 Baberowski, *Räume der Gewalt*, S. 123.

19 Baberowski und Kröber im Gespräch, »Krieg wird es immer geben«

20 Baberowski, *Räume der Gewalt*, S. 213.

21 Berlin-Brandenburgische Akademie der Wissenschaften, »Gewalt und Religion«, 26.4.2016, die Audio-Aufnahme wurde dem Autor von der Akademie zur Verfügung gestellt, ist aber nicht öffentlich zugänglich. Baberowskis Aussage wird aber auch hier zitiert: Cornelius Wüllenkemper, »Gewalt und Religion. Der Mensch ist schuld«, in: *Deutschlandfunk*, 28.4.2016, https://www.deutschlandfunk.de/gewalt-und-religion-der-mensch-ist-schuld.886.de.html?dram:article_id=352637, aufgerufen am 1.10.2018.

22 Baberowski hielt am 27. Oktober 2016 an der Berliner Humboldt-Universität die dritte »Carl-Schmitt-Vorlesung« zum Thema »Die russische Revolution und die Ursprünge der souveränen Diktatur«.

23 Jörg Baberowski, »›Indifferenz‹ als Wort für ›Feigheit‹«, in: *Basler Zeitung*, 5.8.2016, https://bazonline.ch/news/standard/indifferenz-als-wort-fuer-feigheit/story/26525014, aufgerufen am 1.10.2018.

24 Jörg Baberowski, »Die Sätze, die den Bann brechen«, in: *Basler Zeitung*, 23.12.2016, https://bazonline.ch/ausland/terror-in-berlin/die-saetze-die-den-bann-brechen/story/10120130, aufgerufen am 1.10.2018.

25 Jörg Baberowski, »Wider die Kultur des politisch Korrekten«, in: *Basler Zeitung*, 25.11.2016, https://bazonline.ch/us-wahl/wider-die-kultur-des-politisch-korrekten/story/31757223, aufgerufen am 1.10.2018.

26 Jörg Baberowski, »Freiheit des Wortes als Fundament«, in: *Basler Zeitung*, 17.12.2017, https://bazonline.ch/ausland/standard/Freiheit-des-Wortes-als-Fundament/story/27331252, aufgerufen am 1.10.2018.

27 Jörg Baberowski, »Eine Beleidigung für den Verstand«, in: *Basler Zeitung*, 1.10.2016, https://bazonline.ch/ausland/europa/-Eine-Beleidigung-fuer-den-Verstand-/story/23367635, aufgerufen am 1.10.2018.

28 Jörg Baberowski, »Deutschland verwandelt sich in eine Tugend-Republik«, in: *Neue Zürcher Zeitung*, 27.9.2015 https://nzzas.nzz.ch/meinun gen/deutschland-verwandelt-sich-in-eine-tugend-republik-ld.1501 70?reduced=true, aufgerufen am 1.10.2015.

29 Jörg Baberowski, »Europa ist gar keine Wertegemeinschaft«, in: *Frankfurter Allgemeine Zeitung*, 14.9.2015, http://www.faz.net/aktuell/feuilleton/ debatten/joerg-baberowski-ueber-ungesteuerte-einwanderung- 13800909. html?printPagedArticle=true#pageIndex_0, aufgerufen am 1.10.2018.

30 Ebd.

31 Martin Machowecz, »Ein neuer Salon in Berlin«, in: *Die Zeit*, Nr. 13/2018 sowie *Zeit Online*, 31.3.2018, https://www.zeit.de/2018/13/erklaerung-2018-rechtspopulismus-intellektuelle-einwanderung; Christian Fuchs und Paul Middelhoff, »Bis in den letzten, rechten Winkel«, in: *Zeit Online*, 12.5.2018, https://www.zeit.de/politik/deutschland/2018-05/ neue-rechte-verteilung-deutschlandkarte, beide aufgerufen am 1.10.2018.

32 Michael Klonovsky im Interview, »Der Herr dient sich der Dame an«, in: *taz*, 1.5.2016, http://www.taz.de/!5297165/, aufgerufen am 1.10.2018.

33 »Gemeinsame Erklärung 2018«, 15.3.2018, https://www.erklaerung2018. de, aufgerufen am 9.4.2018.

34 Ulrich Greiner, »Zweierlei Maß«, in *Die Zeit*, 13/2018, S. 46.

35 »WissenschaftlerInnen protestieren gegen ›Erklärung 2018‹« 10.4.2018, https://literklaerungmigration.wordpress.com, aufgerufen am 3.10.2018.

36 Jörg Baberowski, Facebook-Post, 15.4.2018, https://www.facebook.com/ jorg.baberowski/posts/1686674964712407, aufgerufen am 1.10.2018.

37 Jörg Baberowski, Facebook-Post, 16.4.2018, https://www.facebook.com/ jorg.baberowski/posts/1687517664628137, aufgerufen am 1.10.2018.

38 Jörg Baberowski, Facebook-Post, 26.3.2018, https://www.facebook.com/ jorg.baberowski/posts/1667477869965450, aufgerufen am 1.10.2018.

39 »IYSSE protestiert gegen Unterdrückung der Diskussionsfreiheit an der Humboldt-Universität durch Professor Baberowski«, in: *World Socialist Web Site*, 22.2.2014, https://www.wsws.org/de/articles/2014/02/22/ iyss-f22.html, aufgerufen am 1.10.2018.

40 Unveröffentlichter Brief von Hans-Christoph Keller an die IYSSE, zitiert nach: »IYSSE protestiert gegen Zensur an der Humboldt-Universität«,

9.10.2014, https://www.wsws.org/de/articles/2014/10/09/iyss-o09.html, aufgerufen am 1.10.2018.

41 Ebd.

42 »Öffentliche Stellungnahme für Jörg Baberowski«, Forum Geisteswissenschaften der Exzellenzinitiative der HU. Das Statement wurde mittlerweile gelöscht. Ehemaliger Pfad: https://www.exzellenz.hu-berlin.de/de/exzellenzinitiative/gremien-1/forum-geisteswissenschaften/oeffentliche-stellungnahme-fuer-joerg-baberowski, aufgerufen am 28.05.2015, archiviert unter: https://archive.li/Efaku, aufgerufen am 1.10.2018.

43 »Rede von Außenminister Frank-Walter Steinmeier bei den ›Berliner Korrespondenzen‹ im Gorki-Theater, Berlin«, 22.5.2016, https://www.auswaertiges-amt.de/de/newsroom/160522-bm-berliner-korresponden zen/280758, aufgerufen am 1.10.2018.

44 »Berliner Korrespondenzen: Teil 2«, mit Herfried Münkler und Michael Borgolte, 12.6.2016, https://youtu.be/8ouD6j6m49Q (Zitat ab Min. 16:30), aufgerufen am 1.10.2018.

45 »War and Conflict Studies«, Master an der Universität Potsdam, https://www.uni-potsdam.de/studium/studienangebot/masterstudium/master-a-z/war-conflict.html, aufgerufen am 1.10.2018.

46 Brandenburgisches Institut für Gesellschaft und Sicherheit, https://www.bigs-potsdam.org/index.php/de/ueber-uns, aufgerufen am 1.10.2018.

47 Siehe Abschnitt »Leugnung der deutschen Kriegsschuld 1914«, S. 17.

48 »HU-Stellungnahme zum Urteil des Landgerichts Köln«, März 2017, https://www.hu-berlin.de/de/pr/nachrichten/pm1703/nr_170330_01, aufgerufen am 1.10.2018.

49 Sabine Kunst im Interview, »›Wir können uns nicht weiter wegducken‹«, in: *Süddeutsche Zeitung*, 17.4.2017, https://www.sueddeutsche.de/bildung/humboldt-universitaet-zu-berlin-das-wird-zu-einer-gefahr-fuer-unsere-kultur-1.3465116, aufgerufen am 1.10.2018.

50 Sven Wurm, »Ein Offener Brief der IYSSE an die Präsidentin der Humboldt-Universität«, in: *World Socialist Web Site*, 21.4.2017, https://www.wsws.org/de/articles/2017/04/21/kuns-a21.html, aufgerufen am 1.10.2018.

51 Internationale Redaktion der WSWS, »Gegen den Angriff der Humboldt-Universität auf Meinungsfreiheit und die historische Wahrheit!«, 7.4.2017, https://www.wsws.org/de/articles/2017/04/07/humb-a07.html, aufgerufen am 1.10.2018.

52 Resolution des Studierendenparlaments der Humboldt-Universität, ver-
     abschiedet am 11.6.2015, http://www.refrat.de/article/StuPa_Stellung-
     nahme.html?1434727732, aufgerufen am 1.10.2018.
53 Resolution des Studierendenparlaments der Humboldt-Universität, ver-
     abschiedet am 27.4.2017, 1. Protokoll des 25. Studierendenparlaments,
     S. 6, https://vertretungen.hu-berlin.de/de/stupa/sitzungen/2017/06-07/
     170427_stupa_protokoll.pdf, aufgerufen am 1.10.2018.
54 »FRIV-Stellungnahme gegen rechte Positionen in der Lehre«, Februar
     2017, https://genderini.files.wordpress.com/2017/02/stellungnahme-
     gegen-rechte-positionen-in-der-lehre.pdf, aufgerufen am 1.10.2018.
55 Gemeinsame Einladung des AStA der Technischen Universität Berlin,
     des AStA der Universität Bremen und der IYSSE, https://asta.tu-berlin.
     de/termine/fall-baberowski-rechte-und-militaristische-ideologie-an-
     uni, aufgerufen am 14.9.2018.
56 »Keine Uni dem Rassismus! Rechtsradikalen das Podium nehmen!«,
     Flugblatt des AStA der Universität Bremen, Oktober 2016, https://www.
     asta.uni-bremen.de/wp-content/uploads/2017/06/Protestflyer-der-
     campus-bleibt.pdf, aufgerufen am 1.10.2018.
57 »Ein Hoch auf die studentische Diskussionskultur«, Erklärung des fzs,
     4.3.2018, https://www.fzs.de/2018/03/04/ein-hoch-auf-die-studen
     tische-diskussionskultur/, aufgerufen am 1.10.2018.
58 »Pressemitteilung: HU-Leitung und AfD – gemeinsam gegen die Studie-
     rendenschaft«, Pressemitteilung des RefRat der HU, https://www.refrat.
     de/article/news.Praesidium.klagt.html, aufgerufen am 1.10.2018.
59 Ebd.
60 »Humboldt-Universität eskaliert weiter im Streit mit der Verfassten Stu-
     dierendenschaft«, Pressemitteilung des RefRat der HU, https://www.
     refrat.de/article/news.vereinbarung.pm.2018.html, aufgerufen am
     1.10.2018.

Wie die AfD aufgebaut wurde

1 Volker Weiß, *Die autoritäre Revolte: Die Neue Rechte und der Untergang
    des Abendlandes*, Stuttgart 2017, S. 10.
2 Peter Schwarz, »Sarrazin und die Vorbereitung einer neuen Rechtspar-
    tei«, in: *World Socialist Web Site*, 8.9.2010, http://www.wsws.org/de/
    articles/2010/09/sarr-s08.html, aufgerufen am 15.9.2018.
3 Veit Medick, Roland Nelles, »Gabriel fordert Volksentscheid über Atom-
    politik«, 2. Teil: »Sarrazins Herrenreitermentalität schüttelt mich«, in:

Spiegel Online, 20.9.2010, http://www.spiegel.de/politik/deutschland/
spd-chef-im-interview-gabriel-fordert-volksentscheid-ueber-atom
politik-a-718233-2.html, aufgerufen am 3.10.2018.

4 »De Maizière: Islam in Deutschland nicht auf gleicher Stufe wie christ-
lich-jüdisches Religionsverständnis«, in: *Deutschlandradio Kultur*,
7.10.2010, https://www.deutschlandfunkkultur.de/de-maiziere-islam-in-
deutschland-nicht-auf-gleicher-stufe.1008.de.html?dram:article_id=
163534, aufgerufen am 3.10.2018.

5 »Geis: Integration steht erst noch bevor«, in: *Deutschlandfunk*, 4.10.2010,
https://www.deutschlandfunk.de/geis-integration-steht-erst-noch-
bevor.694.de.html?dram:article_id=69098, aufgerufen am 3.10.2018.

6 »De Mazière: Islam hat einen anderen Stellenwert«, in: *Frankfurter Allgemeine*, 8.10.2010, http://www.faz.net/aktuell/politik/inland/integra
tion-de-maiziere-islam-hat-einen-anderen-stellenwert- 11056188.html,
aufgerufen am 3.10.2018.

7 Dresden Nazifrei, Facebook-Post vom 19.10.2015, https://www.facebook.
com/dresden.stellt.sich.quer/posts/1081390885204667, aufgerufen am
3.10.2018.

8 Berthold Kohler: »Ernst nehmen«, in: *Frankfurter Allgemeine Zeitung*,
16.12.2014, Nr. 292, S. 1.

9 »Maas nennt Angstmache vor Islamisierung ideologischen Popanz«, in:
Spiegel Online, 17.12.2014, http://www.spiegel.de/politik/deutschland/
pegida-proteste-maas-nennt-angstmache-ideologischen-popanz-
a-1008913.html, aufgerufen am 3.10.2018.

10 Dirk Kurbjuweit, »Herzlich willkommen«, in: *Der Spiegel*, 19.3.2016,
Nr. 12/2016, http://www.spiegel.de/spiegel/print/d-143711820.html,
aufgerufen am 3.10.2018.

11 Peter Müller, Philipp Wittrock: »Unionspolitiker hält Bündnis mit AfD
für denkbar«, in: *Spiegel Online*, 26.5.2014, http://www.spiegel.de/
politik/deutschland/alternative-fuer-deutschland-unionspolitiker-will-
koalition-mit-afd-a-971616.html, aufgerufen am 3.10.2018.

12 Ebd.

13 Alexander Gauland, »Warum sich die Deutschen mit Gewalt so schwer
tun«, in: *Der Tagesspiegel*, 23.7.2012, https://www.tagesspiegel.de/
meinung/diffuser-pazifismus-warum-sich-die-deutschen-mit-gewalt-
so-schwer-tun/6907386.html, aufgerufen am 3.10.2018.

14 »Festakt zum Tag der Deutschen Einheit«, 3.10.2017, http://www.
bundespraesident.de/SharedDocs/Reden/DE/Frank-Walter-Steinmeier/

Reden/2017/10/171003-TdDE-Rede-Mainz.html, aufgerufen am 1.10.2018.

Die Selbstgleichschaltung der Medien

1 Hubert Wetzel, »Es muss eine Grenze geben«, in: *Süddeutsche Zeitung*, 26.4.2013, https://www.sueddeutsche.de/politik/verdacht-auf-einsatz-von-gas-in-syrien-es-muss-eine-grenze-geben-1.1659767, aufgerufen am 4.10.2018.

2 Jochen Bittner, »Rethinking German Pacifism«, in: *The New York Times*, 4.11.2013, https://www.nytimes.com/2013/11/05/opinion/bittner-rethinking-german-pacifism.html, aufgerufen am 4.10.2018.

3 Jan Techau, »Als Moralapostel droht Deutschland zu zerreißen«, in: *Frankfurter Allgemeine Zeitung*, 17.2.2017, http://www.faz.net/aktuell/politik/sicherheitskonferenz/als-moralapostel-droht-deutschland-zu-zerreissen-14880255.html, aufgerufen am 4.10.2018.

4 Christian Hacke, »Eine Nuklearmacht Deutschland stärkt die Sicherheit des Westens«, in: *Welt+*, 29.7.2018, https://www.welt.de/180136274, aufgerufen am 29.7.2018.

5 »Sachverhalt und Täter genauestens ermitteln«, in: *Berliner Morgenpost*, 7.1.2016, https://www.bundesregierung.de/Content/DE/Interview/2016/01/2016-01-07-maas-morgenpost.html, aufgerufen am 3.10.2018.

6 »Innenminister Jäger will gegen nordafrikanische Männergruppen vorgehen«, in: *express*, 4.1.2016, https://www.express.de/koeln/koeln-archiv/innenminister-jaeger-will-gegen-nordafrikanische-maennergruppen-vorgehen-23253992, aufgerufen am 3.10.2018.

7 Peter Carstens, »Rote Hassprediger«, in: *Frankfurter Allgemeine Zeitung*, 9.7.2017, http://www.faz.net/aktuell/politik/g-20-krawalle-rote-hass-prediger-15098390.html, aufgerufen am 3.10.2018.

8 Anna Bordel, »Uni verbietet sich Kritik an Professor«, in: *taz Berlin*, 28.11.2014, http://www.taz.de/!261148/, aufgerufen am 3.10.2018.

9 Jürgen Kaube: »Mobbing, trotzkistisch«, in: *Frankfurter Allgemeine Zeitung*, 1.12.2014, http://www.faz.net/aktuell/feuilleton/humboldt-universitaet-mobbing-trotzkistisch-13294937.html, aufgerufen am 3.10.2018.

10 »PSG beantwortet Angriff der FAZ«, in: *World Socialist Web Site*, 3.12.2014, http://www.wsws.org/de/articles/2014/12/03/faz-d03.html, aufgerufen am 18.9.2018.

11 »›Münkler-Watch‹ – Mobbing oder berechtigte Kritik?«, in: *Deutschlandfunk Kultur*, 12.5.2015, https://www.deutschlandfunkkultur.de/

frage-des-tages-muenkler-watch-mobbing-oder-berechtigte.2156.de.
html?dram:article_id=319623, aufgerufen am 3.10.2018.

12 Jens Bisky, »Berliner Professor per Watchblog überwacht«, in: *Süddeutsche Zeitung*, 12.5.2015, https://www.sueddeutsche.de/bildung/muenkler-watch-frei-gewaehlte-versatzstuecke-1.2476219, aufgerufen am 3.10.2018.

13 Andrea Seibel, »Vom Rauchen, Schreiben und Rotwein trinken«, in: *Die Welt*, 10.11.2014, https://www.welt.de/kultur/literarischewelt/article 134159600/Vom-Rauchen-Schreiben-und-Rotwein-trinken.html, aufgerufen am 18.9.2018.

14 Regina Mönch, »Zensoren im Hörsaal«, in: *Frankfurter Allgemeine Zeitung*, 13.5.2015, http://www.faz.net/aktuell/feuilleton/forschung-und-lehre/anonyme-studenten-blogger-greifen-professor-der-hu-berlin-an-13587819.html, aufgerufen am 18.9.2018.

15 Frederike Haupt, »Unser Professor, der Rassist«, in: *Frankfurter Allgemeine Zeitung*, 17.5.2015, http://www.faz.net/aktuell/politik/inland/attacken-gegen-professoren-muenkler-und-baberowski-13596126.html, aufgerufen am 18.9.2018.

16 Tilmann Warnecke, Anja Kühne, »Herfried Münkler wirft Bloggern antisemitische Muster vor«, in: *Der Tagesspiegel*, 20.5.2015, https://www.tagesspiegel.de/wissen/muenkler-watch-an-hu-berlin-herfried-muenk ler-wirft-bloggern-antisemitische-muster-vor/11801382.html, aufgerufen am 18.9.2018.

17 Adam Soboczynski, »Ressentiments wie 1933«, in: *Die Zeit*, 21.5.2015, https://www.zeit.de/2015/21/herfried-muenkler-humboldt-universi taet-watchblog/komplettansicht, aufgerufen am 3.10.2018.

18 Sebastian Kempkens: »Die Professoren-Stalker«, in: *Spiegel Online*, 15.7.2015, http://www.spiegel.de/lebenundlernen/uni/studenten-blogs-professoren-am-pranger-a-1042289.html, aufgerufen am 3.10.2018.

19 IYSSE, »Sebastian Kempkens: Gossenjournalismus im Dienst des deutschen Imperialismus«, in: *World Socialist Web Site*, 18.7.2015, http://www.wsws.org/de/articles/2015/07/18/kemp-j18.html, aufgerufen am 18.9.2018.

20 Klaus-Rüdiger Mai, »Redefreiheit nur für Gleichgesinnte«, in *Cicero*, 13.1.2017 https://www.cicero.de/kultur/bremer-studenten-kontra-debattenkultur-redefreiheit-nur-fuer-gleichsinnte-, aufgerufen am 19.9.2018.

21 Vera Lengsfeld, »AStA Bremen will Vortrag von Professor Baberowski
   verhindern!«, 17.10.2016, https://vera-lengsfeld.de/2016/10/17/asta-
   bremen-will-vortrag-von-professor-baberowski-verhindern/, aufgerufen
   am 19.9.2018.
22 Karolina Meyer-Schilf, »Volkskommissare für Wissenschaft«, 3.2.2017,
   http://www.taz.de/Archiv-Suche/!5377645&s=/, aufgerufen am 3.10.2018.
23 Siehe Abschnitt »Rechtfertigung von Krieg und Diktatur«, S. 43.
24 Siehe Abschnitt »Rückendeckung von der Universitätsleitung«, S. 56 .
25 Klaus-Rüdiger Mai, »Die Jagd auf Professoren«, in: Cicero, 10.4.2017,
   http://cicero.de/salon/meinungsfreiheit-die-jagd-auf-professoren, aufgerufen am 3.10.2018.
26 Jörg Baberowski, »Linksextremisten wollen nichts verstehen, sondern
   denunzieren«, in: Die Welt, 10.4.2017, https://www.welt.de/geschichte/
   article163535334/Linksextremisten-wollen-nichts-verstehen-sondern-
   denunzieren.html, aufgerufen am 3.10.2018.
27 Mario Keßler, »Mangel an Gefühl für die Opfer«, in: Der Tagesspiegel,
   15.5.2017, S. 16.
28 Andreas Fischer-Lescano, »Die Selbstinszenierung eines Rechten«, in:
   Frankfurter Rundschau, 11.6.2017, http://www.fr.de/wissen/joerg-
   baberowski-die-selbstinszenierung-eines-rechten-a-1294450, aufgerufen am 19.9.2018.
29 Mariam Lau, »Diese radikalen Studenten«, in: Die Zeit, 11.4.2017, https://
   www.zeit.de/2017/16/joerg-baberowski-humboldt-universitaet-studen
   ten-streit-rechtsextremismus, aufgerufen am 19.9.2018.
30 Caterina Lobenstein, Mariam Lau, »Oder soll man es lassen?«, in: Die
   Zeit, 11.7.2018, https://www.zeit.de/2018/29/seenotrettung-fluechtlinge-
   privat-mittelmeer-pro-contra/komplettansicht, aufgerufen am 19.9.2018.
31 Die Zeit-Chefredaktion. »Gut gemeint, aber nicht gut genug«, in: Die
   Zeit, 18.7.2018, https://www.zeit.de/2018/30/private-seenotrettung-pro-
   contra-zeit-debatte, aufgerufen am 19.9.2018.
32 Regina Mönch, »Das beste Gegengift sind kluge Studenten«, in: Frankfurter Allgemeine Zeitung, 7.7.2017, http://www.faz.net/aktuell/
   feuilleton/regina-moench-15094659.html, aufgerufen am 19.9.2018.
33 Sabine Seifert, »Der Andere ist keine Sphinx«, in: taz, 9.3.2018, http://
   www.taz.de/!5485962/, aufgerufen am 19.9.2018.
34 IYSSE, »Offener Brief der IYSSE an die Redaktion der taz«, in: World
   Socialist Web Site, 9.3.2018, https://www.wsws.org/de/articles/2018/
   03/09/taze-m09.html, aufgerufen am 19.9.2018.

35 Edith Kresta: »Wir müssen streiten«, in: *taz*, 15.3.2018, http://www.taz.
    de/Archiv-Suche/!5489042&s=/, aufgerufen am 19.9.2018.

Das Schweigen der Professoren

1 Fritz K. Ringer, *Die Gelehrten. Der Niedergang der deutschen Mandarine
   1890–1933*, Stuttgart 1983.

2 Leo Trotzki, *Porträt des Nationalsozialismus*, Essen 1999, S. 305.

3 Bruno W. Reimann, »Die ›Selbst-Gleichschaltung‹ der Universitäten
   1933«, in: Jörg Tröger (Hrsg.), *Hochschule und Wissenschaft im Dritten
   Reich*, Frankfurt am Main 1984, S. 38–52.

4 *Max Weinreich, Hitler's Professors. The Part of Scholarship in Germany's
   Crimes Against the Jewish People, New Haven 1999* (Erstausgabe 1946),
   S. 6 f. (aus dem Englischen).

5 Siehe Abschnitt »Leugnung der deutschen Kriegsschuld 1914«, S. 17.

6 Zur Schließung der Wehrmachtsausstellung siehe: Wolfgang Weber,
   »Die Debatte über die Verbrechen der Wehrmacht«, in: *World Socialist
   Web Site*, 26.7.2001, https://www.wsws.org/de/articles/2001/07/weh1-
   j26.html, aufgerufen am 2.10.2018.

7 Jürgen Habermas, »Bestialität und Humanität«, in: *Die Zeit*, 29.4.1999
   und *Zeit Online*, https://www.zeit.de/1999/18/199918.krieg_.xml, aufgerufen am 3.10.2018.

8 Hans Mommsen, Vorwort zu: Jörg Baberowski, Anselm Doering-Manteuffel, *Ordnung durch Terror. Gewaltexzesse und Vernichtung im
   nationalsozialistischen und im stalinistischen Imperium*, Bonn 2006,
   S. 7–14.

9 Peter Burschel, »Stellungnahme zu den Angriffen auf Prof. Dr. Jörg Baberowski«, November 2014, https://www.geschichte.hu-berlin.de/newse-
   ventsglobe/stellungnahme-zu-den-angriffen-auf-prof.-dr.-joerg-babe-
   rowski, aufgerufen am 30.1.2015. Die Erklärung wurde mittlerweile von
   den Seiten der HU entfernt.

10 Siehe Abschnitt »Rückendeckung von der Universitätsleitung«, S. 56.

11 »Öffentliche Stellungnahme für Jörg Baberowski«, Forum Geisteswis-
    senschaften der Exzellenzinitiative der HU. Das Statement wurde mitt-
    lerweile gelöscht. Ehemaliger Pfad: https://www.exzellenz.hu-berlin.
    de/de/exzellenzinitiative/gremien-1/forum-geisteswissenschaften/oef-
    fentliche-stellungnahme-fuer-joerg-baberowski, aufgerufen am
    28.5.2015, archiviert unter: https://archive.li/Efaku, aufgerufen am
    1.10.2018.

12 Peter Schwarz (Hrsg.), *Wissenschaft oder Kriegspropaganda? Die Wiederkehr des deutschen Militarismus und die Auseinandersetzung an der Berliner Humboldt-Universität*, Essen 2015.

13 IYSSE, »Gegen rechte Ideologie an der Humboldt-Universität!«, 12.11.2016, http://www.wsws.org/de/articles/2016/11/12/sand-n12. html, aufgerufen am 20.9.2018.

14 Thomas Sandkühler, *Adolf H. – Lebensweg eines Diktators*, München 2015, S. 253.

15 Ebd., S. 200.

16 Thomas Sandkühler, »Der falsche Weg«, in: *Deutsches Allgemeines Sonntagsblatt*, Nr. 35, 1.9.2000, http://web.archive.org/web/20001216021000/ www.sonntagsblatt.de/artikel/2000/35/35-s6.htm, aufgerufen am 1.10.2018.

17 IYSSE, »Professor Sandkühlers Antwort auf die IYSSE. Ein intellektuelles Armutszeugnis«, in: *World Socialist Web Site*, 22.11.2016, http://www. wsws.org/de/articles/2016/11/22/iyse-n22.html, aufgerufen am 20.9.2018.

18 Michael Wildt, *Volk, Volksgemeinschaft, AfD*, Hamburg 2017, S. 116.

19 Siehe Abschnitt »Rechtfertigung von Krieg und Diktatur«, S. 43.

20 Jörg Baberowski im Interview mit Simon Strauss, »Natürlich kann auch ein Analphabet einen Asylgrund haben«, in: *Frankfurter Allgemeine Zeitung*, 20.9.2015, http://www.faz.net/aktuell/feuilleton/debatten/histo riker-joerg-baberowski-im-interview-ueber-asyl-13810824.html, aufgerufen am 1.10.2018.

21 Jörg Baberowski, »›Das Versagen in der deutschen Politik ist dramatisch‹«, in: *Eßlinger Zeitung*, 25.11.2015, S. 3.

22 Alan Posener, »Der Raum unter der Schädeldecke«, in: *Welt am Sonntag*, 10.1.2016, http://www.welt.de/print/wams/kultur/article150814231/ Der-Raum-unter-der-Schaedeldecke.html, aufgerufen am 1.10.2018.

23 Mommsen bezieht sich hier auf Joachim Fest. Hans Mommsen, »Neues Geschichtsbewusstsein und Relativierung des Nationalsozialismus«, in: *»Historikerstreit«. Die Dokumentation der Kontroverse um die Einzigartigkeit der nationalsozialistischen Judenvernichtung*, München/Zürich 1987, S. 186.

24 Jörg Baberowski, »Der Mensch ist keine Abstraktion«, in: *Basler Zeitung*, 13.6.2017, https://bazonline.ch/leben/gesellschaft/der-mensch-ist-keine-abstraktion/story/14448159, aufgerufen am 21.9.2018.

25 David North, »Sozialismus und historische Wahrheit«, in: *World Socia-list Web Site*, 17.3.2015, http://www.wsws.org/de/articles/2015/03/17/rede-m17.html, aufgerufen am 21.9.2018.

26 Jörg Baberowski, *Der Sinn der Geschichte. Geschichtstheorien von Hegel bis Foucault*, München 2005 (2. Auflage 2013), S. 22.

27 Ebd., S. 28.

28 Jörg Baberowski, »Angst und Macht. Tätergemeinschaften im Stalinis-mus«, in: Jörg Baberowski, Robert Kindler (Hrsg.), *Macht ohne Grenzen. Herrschaft und Terror im Stalinismus*, Frankfurt am Main 2014, S. 47.

29 Baberowski, *Der Sinn der Geschichte, München 2014*, S. 29–30.

30 David North, »Sozialismus und historische Wahrheit«, in: *World Socia-list Web Site*, 17.3.2015, http://www.wsws.org/de/articles/2015/03/17/rede-m17.html, aufgerufen am 21.9.2018.

31 mdr Sachsen, »17.400 Unterschriften gegen Prof. Rauscher«, 30.11.2017, https://www.mdr.de/sachsen/leipzig/studenten-uebergeben-petition-gegen-rauscher-100.html, aufgerufen am 4.10.2018.

Das Kartell der Bundestagsparteien

1   Deutscher Bundestag, Drucksache 19/2216, http://dip21.bundestag.de/dip21/btd/19/022/1902216.pdf, aufgerufen am 22.9.2018.

2   Deutscher Bundestag, Drucksache 19/2533, http://dipbt.bundestag.de/dip21/btd/19/025/1902533.pdf, aufgerufen am 22.9.2018.

3   Hans-Dieter Schütt, »Beruhige Dich? Ruhig kann ich nicht sein«, in: *Neues Deutschland*, 19.3.2012, http://www.neues-deutschland.de/artikel/221705.beruhige-dich-ruhig-kann-ich-nicht-sein.html, aufgeru-fen am 1.10.2018.

4   Frank Borris, Rezension zu: Baberowski, Verbrannte Erde. Stalins Herr-schaft der Gewalt, Köln 2012, in: *Sozial.Geschichte.Online*, Nr. 8 (2012), S. 138–147 und Website der Rosa-Luxemburg-Stiftung, 12.11.2012, https://www.rosalux.de/news/id/6208/, aufgerufen am 1.10.2018; Halina Wawzyniak, »Verbrannte Erde«, in: *Blog von Halina Wawzyniak*, 8.1.2013, http://blog.wawzyniak.de/tag/baberowski/, aufgerufen am 1.10.2018.

5   Joschka Fischer, »Europa muss springen«, Spiegel Daily, Mai 2018, https://daily.spiegel.de/stories/joschka-fischer-der-ex-aussenminister-ueber-die-gefahr-eines-krieges-gegen-iran-und-europas-neue-rolle-a-81895, aufgerufen am 23.9.2018.

6 Dietmar Bartsch, Interview im ARD-Hauptstadtstudio, November 2017, veröffentlicht auf seiner Facebook-Seite: https://www.facebook.com/ DietmarBartschMdB/videos/1631989676884361/, aufgerufen am 1.10.2018.

7 Unter den Linden, »Der Nahe Osten – Spielball der Großmächte?«, in: *Phoenix*, Jürgen Hardt und Stefan Liebich zu Gast bei Michaela Kolster, 19.2.2018, https://youtu.be/Yn_ERYH8NDg (Zitat ab Min. 39:00), aufgerufen am 1.10.2018.

8 »Schlagabtausch – Der TV-Dreikampf von Linken, Grünen und CSU«, in: *ZDF*, 4.9.2017, https://youtu.be/1x_DoLH8V7E (Zitat von Bartsch ab Min. 1:37, von Göring-Eckardt ab Min. 4:14), aufgerufen am 1.10.2018.

9 »Pressekonferenz der Linken: Sahra Wagenknecht äußert sich zu aktuellen Themen«, in: *Phoenix*, 11.1.2016, https://youtu.be/Pq43WAJ5l0E (Zitat ab Min. 0:04), aufgerufen am 4.10.2018.

10 Sascha Staničić im Interview, in: *sozialismus.info*, 12.6.2018, https:// www.sozialismus.info/2018/06/der-parteitag-hat-der-linken-gut-getan/, aufgerufen am 4.10.2018.

11 Reiner Hoffmann, Rede auf dem außerordentlichen Bundesparteitag der SPD, in: *Phoenix*, 21.1.2018, https://youtu.be/bsuZFs98jNI (Zitat ab Min. 1:05), aufgerufen am 4.10.2018.

12 Gustav Kemper, »Bombardier: IG Metall lässt AfD bei Demonstration mitmarschieren«, in: *World Socialist Web Site*, 9.3.2017, https://www. wsws.org/de/articles/2017/03/09/bom-m09.html; »IG Metall heißt AfD auf Demonstration in Görlitz willkommen«, in: *World Socialist Web Site*, 22.1.2018, https://www.wsws.org/de/articles/2018/01/22/goer-j22.html, beide aufgerufen am 4.10.2018.

Staatsapparat und Verfassungsschutz

1 Vgl. Hans Ehlert, »Vorwort«, in: MGFA (Hrsg.), *Wegweiser zur Geschichte. Afghanistan*, Paderborn 2009, S. 7–8; Jörg Baberowski, »Der hundertjährige Krieg 1774–1878: Russische Expansion und zaristische Herrschaft«, in: MGFA (Hrsg.), *Wegweiser zur Geschichte. Kaukasus*, Paderborn 2008, S. 37–45; Jörg Baberowski, »Afghanistan als Objekt britischer und russischer Fremdherrschaft im 19. Jahrhundert«, in: MGFA (Hrsg.), *Wegweiser zur Geschichte. Afghanistan*, Paderborn 2009, S. 27–35.

2 Vgl. »Angebote«, auf: *Zentrum für Militärgeschichte und Sozialwissenschaften der Bundeswehr*, http://www.mgfa-potsdam.de/html/zms_ bildAnzeige.php?img_id=810&PHPSESSID=, aufgerufen am 6.7.2015.

3   Siehe dazu die Einleitung dieses Buches.
4   Peter Carstens, Justus Bender, »AfD-Aussteigerin insistiert: Petry und
     Maaßen haben sich getroffen«, in: *Frankfurter Allgemeine Zeitung*,
     8.8.2018, http://www.faz.net/aktuell/politik/inland/afd-aussteigerin-
     bekraeftigt-treffen-von-frauke-petry-und-hans-georg-maassen-1572
     8482.html, aufgerufen am 4.10.2018.
5   Dietmar Henning, »Opferanwalt Daimagüler spricht über den NSU-Pro-
     zess«, in: *World Socialist Web Site*, 7.5.2018, https://www.wsws.org/de/
     articles/2018/05/07/daim-m07.html, aufgerufen am 4.10.2018.
6   Ebd.
7   Beschluss des Bundesverfassungsgerichts vom 18. März 2003, https://
     www.bundesverfassungsgericht.de/SharedDocs/Entscheidungen/
     DE/2003/03/bs20030318_2bvb000101.html, aufgerufen am 4.10.2018.
8   Pressestelle OLG Frankfurt am Main, »Strafverfahren gegen Franco A.
     wird vor dem Landgericht Darmstadt eröffnet«, 7.6.2018, https://ordent
     liche-gerichtsbarkeit.hessen.de/pressemitteilungen/strafverfahren-
     gegen-franco-wird-vor-dem-landgericht-darmstadt-eröffnet, aufgerufen
     am 4.10.2018.

Eine sozialistische Perspektive gegen Faschismus und Krieg

1   Bundesministerium der Verteidigung, Konzeption der Bundeswehr,
     20.7.2018, https://www.bmvg.de/resource/blob/26544/9ceddf6df2f4
     8ca87aa0e3ce2826348d/20180731-konzeption-der-bundeswehr-data.
     pdf, aufgerufen am 4.10.2018.
2   Rosa Luxemburg, »Die Krise der Sozialdemokratie«, in: *Gesammelte
     Werke*, Band 4, Berlin 1987, S. 62.
3   Leo Trotzki, »Was nun?« in: *Porträt des Nationalsozialismus*, Essen 1999,
     Seite 69.
4   Leo Trotzki, »Soll der Faschismus wirklich siegen?«, in: *Porträt des
     Nationalsozialismus*, Essen 1999, Seite 49.
5   Leon Trotsky, *On the Jewish Question*, New York 1970, S. 29.
6   Kurt Tucholsky, »An Walter Hasenclever, 25. Juli 1933«, in: *Gesamtaus-
     gabe, Bd. 20., Briefe 1933–1934*, hrsg. von Antje Bonitz, Gustav Huonker,
     Reinbek bei Hamburg 1996, S. 66. Tucholsky schrieb: »Und Trotzki, der
     prachtvolle Sachen schreibt, die ja durch die Weltpresse gehn und nicht
     der WB [Weltbühne] gehören. Neulich ein ›Porträt des Nationalsozialis-
     mus‹, das ist wirklich eine Meisterleistung. Da stand alles, aber auch alles
     drin. Unbegreiflich, wie das einer schreiben kann, der nicht in Deutsch-

land lebt. Konklusio: Krieg oder Revolution. Ich weiß das nicht ... er weiß
mehr und kann mehr, der Trotzki.«

7   Leo Trotzki, »Was nun?« in: *Porträt des Nationalsozialismus*, Essen 1999,
     S. 68.

8   Leo Trotzki, *Das Übergangsprogramm*, Essen 1997, S. 83–84.

9   »David North gibt Pressekonferenz in Sri Lanka«, in: *World Socialist Web
     Site*, 3.10.2018, http://www.wsws.org/de/articles/2018/10/03/colo-o03.
     html, aufgerufen am 4.10.2018.

10   Internationales Komitee der Vierten Internationale, »Sozialismus und
     der Kampf gegen Krieg«, in: *World Socialist Web Site*, 27,2.2016, https://
     www.wsws.org/de/articles/2016/02/27/ikvi-f27.html, aufgerufen am
     2.10.2018.

11   PSG, »Die Rückkehr des deutschen Imperialismus und die Aufgaben der
     Partei für Soziale Gleichheit«, in: *World Socialist Web Site*, 20.9.2014,
     https://www.wsws.org/de/articles/2014/09/20/konf-s20.html, aufgeru-
     fen am 4.10.2018.

Peter Schwarz (Hrsg.)
Wissenschaft oder Kriegspropaganda?

248 Seiten
ISBN 978-3-88634-133-7

Die Wiederkehr des deutschen Militarismus und die Auseinandersetzung an der Berliner Humboldt-Universität
Im Mai 2015 entfachten die Medien einen Sturm gegen kritische
Studierende der Berliner Humboldt-Universität. Die Autoren des
anonymen Blogs »Münkler-Watch« und die trotzkistische Jugendorganisation International Youth and Students for Social Equality
(IYSSE) wurden übel beschimpft und sogar mit »Bombendrohungen und Mordaufrufen« in Verbindung gebracht, weil sie sich
kritisch mit den Professoren Herfried Münkler (Theorie der Politik)
und Jörg Baberowski (Geschichte Osteuropas) auseinandersetzten.
Dieses Buch geht auf die Hintergründe dieser Auseinandersetzung ein. Es weist minutiös nach, wie Münkler und Baberowski in
ihren Schriften und öffentlichen Äußerungen für eine aggressive
deutsche Großmachtpolitik und die Verharmlosung deutscher
Verbrechen in beiden Weltkriegen eintreten. Es untersucht den
Zusammenhang zwischen dem von der Bundesregierung verkündeten »Ende der militärischen Zurückhaltung« und dem Angriff
auf die Meinungsfreiheit an der Humboldt-Universität. Es dokumentiert den Kampf der IYSSE gegen Zensur und gegen die Ver-
wandlung der Humboldt-Universität in ein ideologisches Zentrum
für Kriegspropaganda.

David North

Die Russische Revolution und das unvollendete Zwanzigste Jahrhundert

483 Seiten
ISBN 978-3-88634-132-0

Die Schlachten des 20. Jahrhunderts auf den Gebieten der Politik, Wirtschaft, Philosophie und Kunst sind nicht entschieden. Hundert Jahre nach dem Ersten Weltkrieg und der Russischen Revolution bedrohen Wirtschaftskrisen, soziale Ungleichheit, Krieg und Diktatur wieder die Menschheit. Im Gegensatz zum Postmodernismus, der die Geschichtsschreibung als rein subjektives »Narrativ« auffasst, betont David North, dass die gründliche materialistische Kenntnis der Geschichte eine Voraussetzung für das Überleben der Menschheit bildet. In 15 brillanten, polemischen Essays geht er auf die wichtigsten politischen und theoretischen Kontroversen des vergangenen Jahrhunderts ein.

David North
Das Erbe,
das wir verteidigen

2. Auflage
ca. 580 Seiten
ISBN 978-3-88634-139-7

Geschrieben im Stil einer marxistischen
Polemik, jedoch gestützt auf umfangreiche
eigene Recherchen, umfasst dieses Buch
ein außerordentlich weites Feld histori-
scher Ereignisse vom Zweiten Weltkrieg
bis zur Vorbereitung der Wiedereinführung
des Kapitalismus in der Sowjetunion. Es
untersucht die Auswirkungen der politischen Schlüsselereignisse des letzten
halben Jahrhunderts auf die ideologischen
Kämpfe innerhalb der internationalen marxistischen Bewegung und räumt der Rolle
des Stalinismus nach dem Zweiten Weltkrieg eine zentrale Rolle ein.

David North

Die Frankfurter Schule, die Postmoderne und die Politik der Pseudolinken

Eine marxistische Kritik

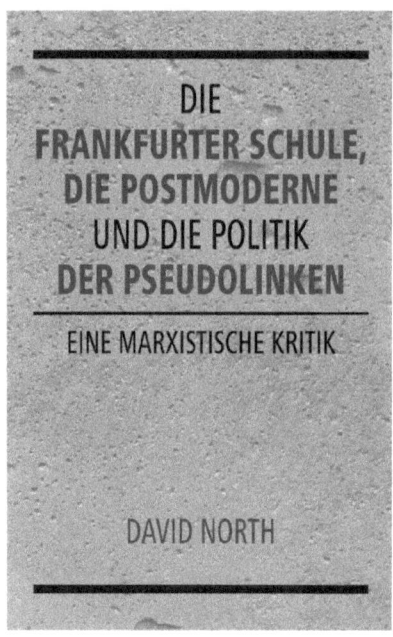

383 Seiten
ISBN 978-3-88634-134-4

Die polemischen Schriften in diesem Band handeln von der vielschichtigen Beziehung zwischen Geschichte, Philosophie und Politik. Sie verteidigen den historischen Materialismus gegen zeitgenössische antimarxistische Strömungen, die von der Frankfurter Schule und der Postmoderne beeinflusst sind.

Sie bieten einen Einblick in den klassischen Marxismus von Marx, Engels, Plechanow, Lenin und Trotzki und erklären die philosophischen und politischen Fragen, die den wissenschaftlichen Sozialismus von den ideologischen Strömungen trennen, die heute zahlreiche pseudolinke und antisozialistische Bewegungen beeinflussen.

Leo Trotzki
Porträt des Nationalsozialismus

400 Seiten
ISBN 978-3-88634-073-6

Wie konnte es zu der Barbarei des Nationalsozialismus kommen und von wem hätte sie verhindert werden können? War der Aufstieg Hitlers unvermeidlich und welche Rolle spielten die Sozialdemokratie und die Kommunistische Partei? Die vorliegende Auswahl von Schriften Leo Trotzkis über Deutschland gibt eine Antwort auf diese Fragen. Trotzkis Untersuchungen zur Geschichte und aktuellen damaligen Lage in Deutschland, zum Wirtschaftsprogramm des Nationalsozialismus, zu seinen sozialen Wurzeln, psychologischen und politischen Mechanismen legen eine analytische Schärfe und politische Weitsicht an den Tag, die den Leser auch heute noch mit Bewunderung und Betroffenheit erfüllen. Sie sind Meisterwerke des Marxismus, ganz in der Tradition der klassischen Analysen aus der Feder eines Karl Marx oder Friedrich Engels.
Trotzki schrieb die hier dokumentierten Briefe und Artikel nicht, um Vergangenes, Unabänderliches zu erklären, sondern um in die aktuelle politische und gesellschaftliche Auseinandersetzung in Deutschland einzugreifen, um die voraussehbare und von ihm vorausgesehene Katastrophe zu verhindern.